A POTÊNCIA DO NADA

O Vazio Incondicionado e a Infinitude do Ser

A POTÊNCIA DO NADA

O Vazio Incondicionado e a Infinitude do Ser

Marcelo Malheiros Galvez

EDITORA TEOSÓFICA
Brasília-DF

Direitos cedidos pelo autor à
EDITORA TEOSÓFICA, Sociedade Civil
SGAS – Quadra 603 – Módulo 20
70.200-630 – Brasília, DF.
Tel.: (061) 322-7843
Fax: (061) 226-3703

A Potência Do Nada

O Vazio Incondicionado e a Infinitude do Ser

M 249

Brasília, 1999
ISBN 85-85961-23-6

1. Ciência
2. Filosofia
3. Teologia

CDD 110

Capa:
Marcelo Ramos
Diagramação:
Reginaldo Alves Araújo
Revisão:
Regina Vitória Ruzzante
Carlos Cardoso Aveline

Dedico este livro à minha filha INGRID, abençoada fonte de alegria em minha vida, e a meus queridos pais e irmã, Júlio, Carolina e Ziza.

Gostaria de agradecer a Gustavo Ribeiro e a Arnaldo Moreira pelo valioso incentivo e estímulo que recebi de ambos.

Deus – *amor, inteligência e vontade cósmicas* – se faz através do homem, no Universo. Este é o lugar, o espaço, onde o divino se expressa e se realiza. O homem é o meio, o instrumento, pelo qual Deus vive e conhece a Si mesmo, de forma sempre renovada e diversa, pelo desenvolvimento de suas potencialidades infinitas no tempo. Nesse sentido, Deus, homem e Universo, três aspectos do Absoluto, constituem momentos de um processo sem fim. Um não existe sem o outro. O eterno, de onde essa trindade da manifestação acontece, é o Nada, o vazio insondável, o infinito elevado ao infinito, fundamento que contém todas as possibilidades de ser, existir e sentir.

O autor: Formado em Direito, História e Filosofia pela Universidade de Brasília, com pós-graduação, na mesma instituição, em Teoria da Ciência *(1981-1983)*. Esteve também na Unicamp, no departamento de Lógica e Epistemologia *(1984 – 1985)*, onde aprofundou estudo sobre a *Crítica da Razão Pura*, de Kant. Foi ainda professor de Filosofia na UnB, de onde retirou-se para dedicar-se à advocacia.

O livro: O livro reúne alguns ensaios sobre temas fundamentais de filosofia. Partindo da física moderna e suas repercussões filosóficas, o autor investiga a Natureza e os problemas relacionados com o tempo, o espaço, o conhecimento, a liberdade e com a idéia de Deus.

Sumário

INTRODUÇÃO

A vida do homem transcorre entre três infinidades que assinalam o limite e a insuficiência do seu conhecimento racional o infinitamente pequeno, de que se ocupa a física quântica; o infinitamente grande, tratado hoje pela cosmologia relativística e o infinitamente complexo, objeto de estudo da biologia, da psicologia, da filosofia e da religião. O homem – *o infinitamente complexo* – "habita", espacialmente, o ponto médio entre o micro e o macrocosmo. Devido à natureza de nossa percepção, é lícito dizer que o conhecimento racional transita precisamente entre esses dois limites materiais cognitivos. De fato, não compreendemos – *e isso significa "conhecer" ou descrever* – o infinitamente pequeno e o infinitamente grande, que, por estarem além da fronteira da sensibilidade, podem ser chamados de realidades transfinitas ou *transcognitivas*.

Isso não significa que não possamos ter acesso a elas, mas tal possibilidade, no entanto, dependerá do desenvolvimento de novas formas de percepção, conhecimento e compreensão que, certamente, possuímos como capacidades latentes dentro de nós.

Este livro é, acima de tudo, um exercício de reflexão a respeito da natureza de tais realidades, sobretudo sobre o mistério de Deus. Na sua elaboração, o pensamento do autor evoluiu até o ponto de compreender que Deus, Homem e Universo constituem três aspectos de um mesma realidade. São uma trilogia eterna e inseparável. Deus "é" somente pelo homem manifestado em um Universo físico. Da mesma forma, o homem só realiza sua humanidade – *e torna-se plenamente homem* – quando expressa e manifesta Deus em si mesmo no processo da evolução, no âmbito do Universo. E este, o campo onde o jogo da Criação tem lugar, nada é sem as leis divinas que o estruturam e o impulsionam em seu dinamismo descendente e ascendente, involutivo e evolutivo.

Deus é o aspecto universal, Uno e Ideal da Criação, enquanto o homem constitui o aspecto manifestado, vivente, múltiplo dessa mesma Criação. O objetivo do homem é realizar e manifestar o aspecto universal e Ideal de Deus no Universo de infinitas maneiras *(cada indivíduo é Deus em Sua universalidade e unicidade, mas também constitui um aspecto de Deus concretamente manifestado, particular e "vivo" – Deus é a vida do indivíduo)*. É nesse ponto que Deus, como Deus, nasce do espírito do homem e no Universo real.

A vida do Universo é um jogo divino entre as possibilidades ideais e suas infinitas maneiras de se expressar na vida. A vida só existe no Universo. O Universo é um Ser vivo. É Deus, como totalidade, brincando de esconde-esconde, evoluindo, conhecendo-se eterna e infinitamente. E uma das maiores diversões de Deus é brincar de ser homem. Contudo, por paradoxal que possa parecer – *e o paradoxo parece ser a única maneira de falar de Deus, como totalidade de possibilidades –*, Deus é ao mesmo tempo o criador do homem e também sua criatura; é o alfa, o início, e ômega, o fim. Deus é o alfa porque cria o Universo e a vida, e é o ômega porque é constantemente recriado por ela, de tal modo que a evolução do homem e do Universo é a evolução de Deus. Enfim, Deus é inteligência objetiva, amor ativo e vontade dinâmica que penetra cada partícula do Universo e de nossas almas e espíritos. Como Nada que é Tudo, é absoluta liberdade, liberdade essa que deve manifestar-se pelo homem, que é, também, pura liberdade e em essência Deus.

Deus pode ser visto, ainda, como a interioridade una e universal que toma consciência de Si mesmo por meio do indivíduo que vive na exterioridade múltipla do mundo. Nesse sentido, o homem é o "lugar" onde se encontram e se realizam o interior e o exterior, o temporal e o eterno, o finito e o infinito. O homem é a Coroa da Criação, porque é Deus existindo e vivendo no Universo.

❑ Capítulo I

A Revolução Conceitual da Física Moderna

1 – Entre dois infinitos

A profundidade e a complexidade da especulação humana alcançaram um estágio, no âmbito da física teórica, da astrofísica e da cosmologia moderna, certamente nunca antes atingido. Tanto pelo progresso do conhecimento e da investigação quanto pelo crescente sucesso das teorias na manipulação e predição dos fenômenos estudados, muitos problemas de fundo, que não eram formulados, ou para os quais não existia precisão quanto à sua proposição, têm surgido com nitidez e insistência. O próprio campo de investigação da física moderna conduz inexoravelmente a questões chamadas de fronteira. Tais questionamentos são feitos em um nível situado muito além do senso comum e, amiúde, em contraposição com ele.

A física ou mecânica quântica([1]) e a relatividade são teorias que tratam de realidades – *a infinitamente pequena e a infinitamente grande* – que ultrapassam nossa possibilidade de experiência direta e representam dois limites teóricos de nossa compreensão da Natureza. O infinito e o infinitesimal estão, por definição, para além do poder da percepção sensível humana. Por isso ainda não entendemos muito bem o significado de tais limites, nem podemos aplicar a eles os conceitos tradicionais do senso comum usados para a compreensão dos fenômenos de nossa escala média de grandeza.

Até agora não sabemos o que seja de fato o Universo subatômico([2]), embora possamos lidar relativamente bem

---

([1]) Teoria fundamental dos fenômenos físicos em escala microscópica, desenvolvida durante o século XX. Segundo ela a energia não possui uma escala contínua de valores, mas, ao contrário, a radiação é absorvida ou emitida de forma descontínua, em blocos de energia, múltiplos de unidades invisíveis e definidas chamadas "quanta"'. Assim como uma outra teoria mostrou que a luz, geralmente entendida como uma onda em movimento, poderia também ser vista como composta de partículas discretas *(fótons)*, assim também a teoria quântica mostra como as partículas atômicas como os elétrons podem ser entendidas como tendo natureza ou propriedade ondulatória. Como a mecânica quântica trata de fenômenos físicos que não são observáveis diretamente, trabalha com muitos conceitos desconhecidos na experiência cotidiana. De Broglie partiu da antiga teoria dos "quanta" quando sugeriu que as partículas têm natureza ondulatória com comprimento de onda lambda = h/p *(onde h é a constante de Plank e p o momento da partícula)* Essa natureza ondulatória é apenas significativa para partículas muito pequenas, como as partículas subatômicas.
Tais idéias foram desenvolvidas por Schorödinger e outros num ramo da mecânica quântica conhecida como mecânica ondulatória. Heisenberg trabalhou em moldes semelhantes com uma teoria que incorporava apenas quantidades observáveis, tais como energia, usando técnicas algébricas de matrizes. – Fonte: Enciclopédia Ilustrada de Ciência e Tecnologia, Verbo, Lisboa, 1983 e Dictionary of Science, Brockhampton Press, London, 1994.

([2]) Composto pelas partículas elementares, como os quarks, *que formam os prótons e nêutrons, núcleo dos átomos* – e os elétrons, que gravitam em torno do núcleo. Há ainda muitas outras, tanto experimentalmente comprovadas quanto teoricamente previstas. Basicamente as partículas elementares que constituem o mundo subatômico dividem-se em bósons e férmions. As primeiras – *como os fótons e os glúons* – transportam forças, enquanto as últimas transportam matéria, como prótons, os elétrons, os nêutrons etc.

como seus processos, como tem demonstrado a mecânica quântica e especialmente a eletrodinâmica quântica ou QED([3]). As leis físicas que regem o espaço macroscópico que conhecemos não se aplicam ao mundo infinitesimal dos átomos. Os elétrons, por exemplo, não são bolas maciças, como planetas, girando em torno de um núcleo a uma velocidade fantástica. São mais semelhantes a "estados" vibratórios que se deslocam. O que acontece aí não é propriamente um fenômeno espacial, ou tempo-espacial. A estrutura da realidade, nesse plano, é outra, embora seja a base da estrutura da matéria que conhecemos. Não podemos dizer o que tal realidade é em si mesma. Para o experimentador ela pode se manifestar tanto na forma de onda *(ou blocos de ondas em fase)* ou de partículas, dependendo de como o experimento é montado([4]). Podemos falar de seus efeitos, de suas manifestações energéticas etc, de tudo aquilo que é possível registrar

---

([3]) É a teoria que descreve as interações das partículas subatômicas dentro de campos elétricos e magnéticos. Ela descreve como partículas carregadas positiva ou negativamente interagem entre si trocando fótons. A QED é notável pela precisão e acuidade de suas predições. Foi desenvolvida pelos físicos americanos Richad Feynman e Julian Schwinger e pelo físico japonês Sin-Itiro Tomonaga, em 1948.

([4]) É o famoso princípio de complementaridade, mediante o qual afirma-se a natureza dual, onda-partícula, de todas as entidades atômicas e subatômicas. Para Neis Bohr *(1885-1962)*, físico dinamarquês precursor da mecânica quântica, a natureza onda-partícula do elétron na verdade não é dualística. Onda e partícula são propriedades complementares da matéria e inerentes de um mesmo objeto. De fato, constata-se, mediante a experiência das duas fendas *(semelhante àquela feita primeiramente por Thomas Youg em 1801 utilizando a luz)*, que elétrons apresentam característica tanto de onda quanto de partícula. Suponha-se, por exemplo, que uma fonte emissora emita, de forma mais ou menos aleatória, elétrons em direção a um anteparo, em cujo centro existe um orifício. Depois de um certo tempo verifica-se que na chapa fotográfica colocada atrás do anteparo forma-se uma mancha pequena, exatamente na direção da fonte emissora. Era o que se devia esperar se os elétrons fossem considerados partículas de matéria. Todavia, se ao invés de um orifício o anteparo contiver dois furos separados entre si, formar-se-á na chapa fotográfica um padrão de impressões muito semelhante ao padrão de interferência de duas ondas. Haverá listras, com interferência positiva, que se somam, e outras, com interferência negativa, que se anulam, exatamente como ocorreria se o mesmo experimento fosse feito com a luz, que apresenta, também, características complementares de onda e de partícula.

de modo indireto no nível da percepção. Mas penetrar na estrutura de tais fenômenos é aparentemente impossível. Há uma incomensurabilidade([5]) entre a realidade em que existimos – *e a natureza e a espécie de percepção que possuímos* –, e as dimensões microscópicas do universo subatômico.

O mesmo acontece em relação às inimagináveis extensões galácticas que ultrapassam os limites representativos de nossa percepção e imaginação.

A incomensurabilidade entre essas duas ordens de realidades – *a do muito grande e a do muito pequeno* – reflete-se na imensa dificuldade de se reunir, numa única teoria, a relatividade geral([6]) e a mecânica quântica. Isso somente

---

([5]) Heisenberg assinalou *(Física e Filosofia,* Ed. UnB, 1981, p. 19), com inteira propriedade, o impasse em que nos encontramos quando queremos conhecer a realidade quântica. Segundo ele, *"qualquer experiência em física, refira-se ela a fenômenos da vida comum ou a eventos atômicos, tem que ser descrita na terminologia da física clássica...Devemos ter em mente o alcance limitado da aplicabilidade desses conceitos, mas não podemos melhorá-los, e, assim, não há por que tentar."* Como somos dotados dos "clássicos" cinco sentidos, toda essa compreensão – *ainda que de uma realidade muito diferente daquela com a qual estamos habituados a lidar* – tem de ser convertida em conceitos e esquemas próprios da física clássica. Isso significa que, em muitos casos, somente compreendemos aquilo que tiver uma possível descrição visual.

Obviamente os fenômenos quânticos não se deixam descrever exaustivamente mediante representações espaciais ou geométricas, razão pela qual torna-se tão difícil conceber seus processos e entender sua existência. De fato, a natureza do conhecimento envolvido na teoria quântica apóia-se em uma compreensão abstrata, matemática, dos mecanismos envolvidos no comportamento das entidades quânticas. Nada mais.

([6]) Teoria desenvolvida pelo físico alemão Albert Einstein (1879-1955) que afirma o caráter relativo, e não absoluto, da velocidade e da massa de um corpo, bem como a interdependência entre matéria, tempo e espaço.

Teoria especial (1905) – Afirma que (1) as leis da Natureza são as mesmas para todos os observadores em um sistema referencial de velocidade constante e (2) que a velocidade da luz é a mesma independentemente da velocidade de sua fonte num mesmo sistema referencial ou inercial. A idéia central da relatividade é a da abolição das noções de repouso e movimento absolutos, o que se traduz concretamente pela afirmação da equivalência de todos os sistemas de referências: as leis físicas devem ser tais que nenhum observador possa chegar, por meio de experiências feitas no seu

seria possível, a princípio, considerando o Universo em seus primeiros momentos de existência, quando as quatro forças de que trata a física – *a gravitacional, a eletromagnética, a nuclear forte e a nuclear fraca* – estivessem unificadas num mesmo tipo de força *(a superforça)*, momentos após à grande explosão inicial *(Big Bang)*. Nesse contexto, tem-se uma construção intelectual em que o macrocosmo nasce do micro.

Com efeito, de acordo com a teoria do *Big Bang* poucos momentos depois da grande explosão o Universo era constituído apenas de energia e de partículas subatômicas. O tempo, o espaço e a fonte de toda matéria sólida dos bilhões de galáxias que vemos hoje com nossos telescópios tinham acabado de surgir. Nesse início não havia propriamente nem micro nem macro, nem o grande nem o pequeno. Não existia ainda uma realidade para a consciência conhecer.

2 – Consciência e realidade

Enquanto que para a física clássica a consciência ou o observador está situado, por ficção, na totalidade, com um sentido de observação universal e onipresente, para a física moderna, relativística e quântica, ele está sempre postado em algum lugar e de modo relativo, e a realidade contemplada

---

sistema de referência, a qualquer resultado que o distinga de outros observadores. A aceitação dos postulados (1) e (2) leva à conclusão aparentemente paradoxal de que a velocidade da luz é a mesma em todos os referenciais inerciais. Einstein resolveu o problema mostrando que não existe um tempo absoluto, comum a todos os observadores, mas que se pode definir 'tempo de um referencial', isto é, pode se dar uma definição física de ordenamento dos acontecimentos tal que quaisquer observadores situados num mesmo referencial atribuam a mesma ordem a dois acontecimentos quaisquer, mas observadores diferentes podem discordar a respeito dessa ordem.

Teoria Geral da Relatividade (1915) – Aqui aceleração e gravidade são identificadas. A exploração matemática dessa idéia conduz a assumir um espaço curvo, dependendo a curvatura da presença de matéria. A relatividade geral explicou certas anomalias na órbita do planeta Mercúrio, não explicadas pela mecânica de Newton, e previu o encurvamento dos raios de luz na presença de um campo gravitacional, confirmado em 1919.

depende diretamente das condições em que ele se encontra e em que o experimento é arranjado.

De fato, ainda que na física clássica a noção de observador não existisse como conceito explícito, as teorias descreviam os fenômenos sob a postulação implícita de que havia um observador onisciente *(Deus)*, independente de qualquer observador particular. Os fenômenos tinham perfeita significação independentemente de alguém que observasse. Para a Física Moderna, no entanto, a descrição ou a representação dos fenômenos foi subjetivada, e o significado dessas descrições passou a depender diretamente da consciência que observa e registra.

A teoria quântica e a da relatividade mudaram também nossa visão do mundo porque abalaram determinados conceitos tidos como definitivos pelas teorias físicas anteriores. A primeira, a quântica, destronou o princípio de estrita causalidade, ou do determinismo, que reinou soberano na física do século XIX, e que parecia assentada definitivamente entre seus conceitos fundamentais([7]). Mostrou que há um fator de indeterminismo irredutível e básico no âmago da realidade física *(ou em nossa consciência)*, que foge ao anseio ou ao ideal científico e racional da completa previsibilidade e *discritibilidade* dos acontecimentos. A segunda, a da relatividade, por sua vez, abalou os conceitos tradicionais de tempo e espaço absolutos, e de simultaneidade, mostrando que a forma como vemos os acontecimentos depende das condições e da situação física – *velocidade, tempo* – do observador. Tanto num caso, como no outro, a realidade foi subjetivada. Passou a ser considerada como uma rede de relações, em que a presença do sujeito, a consciência do observador, é parte determinante e constitutiva do fenômeno observado.

([7]) Doutrina do determinismo absoluto que sustentava que todo acontecimento tinha uma ou mais causas que o explicavam exaustivamente, e que, teoricamente, se fosse possível conhecer no presente, em detalhes, todos os elementos componentes de um dado sistema, a sua futura situação poderia ser prevista com absoluta precisão, não importando se esse futuro fosse próximo ou remoto.

Se na teoria da relatividade tempo e espaço – *aquilo que para o senso comum parecem realidades absolutas e dadas* – tornam-se relativos, sendo uma função da velocidade, na Mecânica Quântica a realidade observada depende do ato mesmo de medir ou quantificar essa realidade. Em ambas as teorias é patente o reconhecimento de que não há sentido em falar-se de uma existência independente da consciência que a percebe – o que, de certa forma, nos faz lembrar do Bispo Berkeley([8]), para quem "ser" é ser percebido. Nesse sentido, todo e qualquer fenômeno, para que tenha consistência e existência, está necessariamente relacionado a uma consciência.

a) A física quântica e a relatividade

A teoria quântica nasceu da necessidade de se dar uma explicação plausível para o comportamento energético das emissões do corpo negro *(material aquecido a alta temperatura que emite radiação)* que não se coadunavam com o que previa a teoria clássica. Esta afirmava que a emissão de energia era contínua, de zero ao infinito, e que um corpo negro aquecido deveria emitir radiação de forma contínua e também progressiva *(gráfico de uma curva exponencial)*. Constatou-se, porém, que, para radiações de energias elevadas *(sobretudo para as radiações ultravioletas)*, a Natureza não se comportava como a teoria previa, isto é, de maneira contínua, mas, ao contrário, descontínua. Plank, físico alemão precursor da física quântica, percebeu que as radiações obedeciam a um padrão determinado, e sua energia era sempre um múltiplo inteiro de um certo valor h *(que passou a ser conhecida como constante de Plank)*, de tal modo que a transmissão de energia se fazia de uma forma discreta em pacotes de energia. Plank supôs então que os átomos do

---

([8]) **George Berkeley** *(1685 – 1753)*, bispo anglicano anglo-irlandês, filósofo e cientista, mais conhecido por sua filosofia que afirmava que tudo, salvo o espiritual, existe somente à medida que é percebido pelos sentidos.

material do corpo negro comportavam-se como "osciladores vibrantes", cujas trocas energéticas eram "quantizadas".

Posteriormente se verificou que a mecânica quântica continha uma dose fundamental de incerteza em relação a um sistema físico qualquer. Quando se media a **posição** do sistema, digamos, um elétron, tornava-se difícil ou imprecisa a medição de sua **velocidade**. E quanto mais preciso fosse um termo dessa medida, mais impreciso ficaria a medida do outro. Em outras palavras, o conhecimento de um aspecto da realidade fazia-se em detrimento do outro. O que levou Heisenberg a formular o famoso princípio da indeterminação, segundo o qual a própria realidade altera-se ao ser conhecida ou percebida pela consciência. Tratando-se, por exemplo, de uma partícula subatômica, a operação que conduz a esse conhecimento interfere ou na sua posição ou na sua quantidade de movimento, de tal forma que não se pode conhecer essas duas variáveis ao mesmo tempo. Niels Bohr, interpretando essa característica dos objetos atômicos, afirmava que somente é possível atribuir propriedades como posição, velocidade e spin([9]) a uma partícula no instante de sua medição. A realidade definia-se, para ele, com o ato de medição.

O caráter indeterminado da realidade quântica é corroborado pela famosa experiência das duas fendas *(vide nota n. 4)*. Por meio dela se verifica que todas as entidades subatômicas, sejam fótons, elétrons ou prótons, são detectadas diretamente como partículas e indiretamente como ondas. Assim, um fóton ou um elétron que passe apenas por uma fenda é registrado numa chapa fotográfica como um ente pontual *(relativo a ponto)*, cujo gráfico, que se apresenta na tela registradora, é uma mancha central na linha de emissão. Entretanto, caso seja aberta mais uma fenda entre a fonte emissora de partícula e o anteparo que registra, observar-se-á que depois de algum tempo a imagem formada no anteparo as-

---

([9]) Spin é o momento angular *(ou velocidade de rotação)* associado a uma partícula ou núcleo e medida em múltiplo de uma unidade chamada Dirac, ou h-bar, igual à constante de Plank (h), dividida por 2 pi.

semelha-se ao desenho de uma onda *(com círculos concêntricos de interferências positivas e negativas)*, embora cada ponto na tela corresponda respectivamente a cada elétron-partícula que o atingiu. E mesmo que se coloque o instrumento de medida em uma ou outra fenda, apesar do gráfico no anteparo ser de interferência, o registro no aparelho sempre será o de uma partícula e não de uma onda. É como se os elétrons "soubessem" quando um outro furo é aberto, de modo que o conjunto se apresenta, em seus efeitos, como uma onda *(na imagem que se forma no anteparo)*. Essa consciência do elétron, ou da partícula em questão, parece revelar, de certa maneira, uma espécie de onisciência mecânica dos objetos físicos.

A ambigüidade – *poderíamos dizer ambigüidade ou dilema ontológico que a experiência das duas fendas nos revela* – é chocante para o senso comum e parece ferir frontalmente um dos princípios básicos da lógica clássica, que tem sido o instrumento fundamental do método científico. Aparentemente ela atinge o princípio de não-contradição, que diz que uma coisa não pode ser e não ser ao mesmo tempo e sob o mesmo aspecto. Todavia, o que tal experiência nos mostra é que as entidades quânticas são, em outro nível de realidade diferente do nosso, ao mesmo tempo ondas e partículas. Quando as medimos ou as registramos, mostram-se sempre como partículas pontuais, embora seu comportamento coletivo nos faça inferir que têm uma natureza ondulatória, por causa do registro que deixam no filme fotográfico. Isso é o que nos leva a concluir que, de alguma maneira, o ato de medir transforma o que seria um campo de possibilidades – *função de onda*([10]) – em um evento particular e determinado.

([10]) Função de onda, na mecânica quântica, é uma quantidade variável que matematicamente descreve características de uma partícula. O valor da função de onda de uma partícula num dado ponto do espaço e em certo momento do tempo está relacionado à probabilidade de a partícula ser encontrada naquele ponto e naquele momento. A probabilidade de encontrar a partícula descrita por uma função de onda em um certo ponto do

Nesse sentido, o ato de medição faz aparecer apenas um aspecto de uma realidade que, sabemos, é mais rica que aquilo que medimos e, aparentemente, contraditória.

Daí por que dizer-se que consciência e objeto são binômios inseparáveis, correlativos e complementares do que denominamos realidade. Real é aquilo que existe em uma *(ou para uma)* consciência e de acordo com a estrutura condicionada e condicionadora dessa mesma consciência. Procurar saber o que seja a realidade *(o objeto de investigação)* independentemente da consciência e de nosso aparato cognitivo-sensível não tem sentido, pois precisamos da consciência para pensar nessa suposta "realidade independente", que será sempre, à proporção que a pensamos, uma realidade para "uma" consciência, uma realidade pensada. De maneira que é razoável supor que o mundo atômico não existe num estado bem definido até que o observemos mediante um instrumento, instante em que ele se define para a consciência do observador, ocorrendo o que alguns denominam de **colapso da função de onda**. O que constituía um campo de probabilidade de existência num certo espaço transforma-se em uma existência espacialmente determinada num ponto específico do espaço e do tempo.

Por isso, como assinala Paul Davis, pode-se dizer que:

> *"a física moderna restitui à consciência um lugar central na Natureza. Na sua interpretação habitual, a teoria quântica não faz sentido se não existir um observador qualquer. O ato de observação em física quântica não é apenas um ato fortuito de acesso à informação preexistente num mundo exterior; pelo contrário, o observador penetra fundamentalmente na realidade subatômica, estando o ato de observação contido explicitamente na descrição feita a partir das equações*

---

espaço e em determinado momento é proporcional ao valor da função Psi elevado ao quadrado.

da física quântica" (Superforça, *Ed. Gradiva, 1986, Paul Davis, p. 60).*

Poder-se-ia até afirmar que a realidade subatômica, enquanto inobservável, não é constituída de objetos, mas de relações, e que as partículas individuais não existem como entidades físicas reais. Somente possuem significado dentro da totalidade das relações que mantêm com as demais entidades, sobretudo com a consciência do observador.

Segundo alguns teóricos, essa realidade teria uma natureza estatística, ou indeterminada, muito diferente do que nos acostumamos a pensar da realidade visível que nos cerca. E é esse caráter insólito do mundo subatômico que levou Heisenberg a proclamar que *"átomos e partículas elementares não são tão reais; eles formam um mundo de potencialidades ou possibilidades, mais do que coisas e fatos".* No momento em que medimos ou detectamos um acontecimento nesse nível, precipitamos, segundo ele, o trânsito da potencialidade em atualidade. E o que constituía uma realidade de segunda classe, ou virtual, passa a ter uma existência efetiva ou atual *(para a consciência).* É precisamente a consciência que dá essa atualidade, operando o trânsito de uma situação a outra.

Kant([11]) já havia atentado para o fato de que a realidade apreendida pela consciência humana depende diretamente das características peculiares de nossa percepção sensível *(tempo e espaço)* e das formas de nosso pensamento *(entendimento).* Estas últimas, as categorias *(ou conceitos puros de objeto),* representariam as diversas formas puras possíveis de pensar o objeto ou, o que é a mesma coisa, de

---

([11]) **Immanuel Kant** *(1724 – 1804),* nascido em Konigsberg, antiga Prússia, é considerado um dos maiores filósofos de todos os tempos. Inaugurou uma nova era no desenvolvimento do pensamento filosófico. Seu abrangente e sistemático trabalho em teoria do conhecimento, ética e estética influenciou grandemente a filosofia posterior, dando origem tanto ao idealismo romântico quanto ao empirismo moderno.

atribuir predicados ao sujeito([12]). Em síntese, são as formas de nossa consciência sensível e de nossa consciência intelectual que compõem os fenômenos que conhecemos. Daí por que, segundo o filósofo germânico, as estruturas de nossa percepção e do pensamento determinam a estrutura da realidade, pois encontramos na realidade aquilo que *a priori* nela colocamos. De um certo modo, é a idéia de que a forma dá realidade à coisa.

A noção de observador, tanto quanto a de relação, é também fundamental para a teoria da relatividade. A experiência de Michelson-Morley([13]) mostrou que em qualquer sentido que se medisse a velocidade da luz, seja no sentido da velocidade da Terra no espaço *(cerca de 30 Km por segundo)*, seja no inverso, a velocidade encontrada era precisamente a mesma. Tal fato levou Einstein a adotar a velocidade da luz como princípio de sua teoria. Isso resultou em uma série de conseqüências insólitas para o senso comum, como a afirmação de que tal velocidade é a mesma para todo e qualquer observador, não importando a velocidade deste em relação a

---

([12]) Sujeito aqui no sentido lógico, sujeito de predicados possíveis, de atributos. Exemplo: Sócrates é sábio. Sábio é atributo ou predicado do sujeito Sócrates.

([13]) O experimento de Michelson-Morley foi uma tentativa de medir a velocidade da Terra em relação ao hipotético "éter luminífero", uma substância sutil e homogênea cuja existência era proposta por alguns teóricos, e que serviria, segundo eles, de meio para a propagação das ondas luminosas. Realizada primeiramente em Berlim, em 1881, pelo físico AA. Michelson, o teste foi mais tarde aperfeiçoado, em 1887, por Michelson e Morley, nos Estados Unidos.

O procedimento depende de um interferômetro, um sensível aparelho ótico que compara o percurso percorrido por uma raio de luz, depois de dividir-se em duas partes que se movem em direções perpendiculares. Pensava-se que, se a velocidade da luz fosse constante em relação ao suposto éter, através do qual a Terra se movia, esse movimento poderia ser detectado pela comparação da velocidade da luz na direção do movimento da Terra e a velocidade da luz em ângulo reto a esse movimento. Nenhuma diferença foi detectada, o que constituiu um golpe à hipótese da existência do aludido éter, levando Einstein, em 1905, a concluir que a velocidade da luz é uma constante universal.

qualquer outro referencial. Tomou, portanto, a velocidade da luz como um absoluto. Assim fazendo, teve que considerar tempo e espaço como grandezas relativas – *à situação do observador* –, visto que dependem sempre do sujeito que percebe os fenômenos, isto é, da consciência que serve de referencial.

Como diz Bertrand Russel, em seu livro sobre relatividade *(ABC da Relatividade)*, *"A verdade é que as medições das distâncias e dos tempos não revelam diretamente propriedades das coisas medidas, mas relações entre essas coisas e aqueles que efetuam as medições"*. A medição das distâncias depende, assim, da maneira como o observador se move em relação ao que é observado. O espaço *(a distância)* e o tempo dependem, então, da velocidade do observador, ou seja, das condições extrínsecas da consciência perceptiva.

E se o espaço e o tempo são, em parte, subjetivos, ou seja, são formas de nossa consciência perceptiva ou sensível, e definem a realidade percebida, segue-se que é a natureza específica da percepção que determina a aparência ou forma da realidade, ainda que esta tenha uma origem objetiva ou exterior à consciência.

Por isso, num certo sentido, a Física Moderna admite que o mundo físico é uma construção mental, o resultado de um procedimento de constituição. O experimentador, como já foi enfatizado, tem uma participação determinante na criação da realidade que observa.

Podemos depreender, assim, que as afirmações e conclusões insólitas para o senso comum formuladas até aqui decorrem do novo panorama do mundo outorgado pela física quântica e pela física relativística. Dessas duas teorias emergem determinados problemas ou questões que ultrapassam a mera atividade científica e estendem-se à esfera da pura filosofia. É o caso dos conceitos de realidade, de infinito e de infinitesimal, de tempo e de espaço, bem como da causa ou do fundamento da existência do Universo, para citar somente alguns exemplos. Por isso o filósofo moderno, para desempenhar a contento a missão que lhe cabe, a de pensar a totalidade do mundo e seu significado, sente necessidade de estar munido do cabedal teórico das ciências e de estar consciente dos problemas que elas suscitam. Sem essas informações não poderá pensar a realidade com inteira propriedade.

b – O teorema de Bell e a postulação do caráter não-local da realidade

Albert Einstein, inconformado com a idéia da incerteza quântica ser uma característica da realidade, como propugnavam Bohr e Heisenberg, e considerando que o princípio da indeterminação ou o aspecto probabilístico da mecânica quântica que dele resultava era antes de tudo sinal da incompletude da teoria, e não uma característica fundamental da realidade, concebeu uma experiência, juntamente com Boriz Podolsky e Nathan Rosen. Tal experimento mostraria que de fato a mecânica quântica era incompleta, que não descrevia todos os aspectos possíveis da realidade. É a experiência que ficou conhecida como experiência EPR([14]) *(Einstein, Podolski e Rosen)*.

([14]) Empregando os princípios convencionais da mecânica quântica, eles obtiveram um resultado surpreendente, que os levou a concluir que a teoria não fornece uma descrição completa da realidade física. O resultado do aludido experimento imaginário foi baseado em um impecável raciocínio, mas a conclusão de que a teoria é incompleta não se segue necessariamente.

Suponha-se que dois prótons que sofreram interação partam da mesma fonte em direções opostas. Como a soma de seu momento angular *(ou spin)* é = 0, conclui-se que um tem momento angular +1/2 e o outro –1/2 e com uma determinada quantidade de movimento *(chamada momento)*. Quando um componente é medido em uma das partículas, seja o momento ou o spin, tais variáveis podem ser preditas em relação à outra partícula. Uma comparação de como a teoria quântica e a teoria clássica descrevem o momento angular por par de partícula ilustra a diferença essencial entre as duas concepções. Em ambas as teorias, se um sistema de duas partículas tem um momento angular = 0, então o momento angular das duas partículas são iguais no valor mas opostos, isto é, um é + ½ e outro – ½. Em outras palavras, se os componentes do momento angular forem medidos ao longo da mesma direção, os dois valores serão numericamente iguais, um

Suponha-se, por exemplo, que uma emissão de duas entidades atômicas geminadas *(A e B),* cuja soma dos seus momentos angulares seja 0 *(zero),* parta da mesma fonte em direções opostas e com spins exatamente invertidos *(o que significa que uma tem spin + ½ e outra – ½).* Assim, observado o spin da partícula A, que antes da medição era desconhecido, em um ponto distante da fonte, pode-se inferir com segurança o spin da partícula B, que seria exatamente o oposto. Nesse sentido, a medição em A revelaria o spin em B, e a medição do spin em B mostraria o spin em A, não importando a que distância estivessem afastadas uma da outra.

---

positivo e outro negativo. A diferença crucial entre as duas teorias é que, na física clássica *(que é determinista),* o sistema sob investigação é considerado como tendo uma medida certa, antes mesmo de ser medido, ou seja, que o spin do próton 1 é + ½ , e o próton 2 é – ½ , ou vice versa. A medida não perturba o sistema; ela meramente revela um estado preexistente. Note-se que se a partícula possuir um spin determinado antes da medida, tal característica constitui uma variável oculta.

A interpretação do resultado repousa em um importante teorema formulado pelo físico britânico John Stewart Bell, que começou por assumir que os spins da partícula A e da partícula B já estariam predeterminados, quando partissem da fonte emissora, antes mesmo de qualquer medição. Assumiu ainda a "localidade" dos evento, ou seja, que a medição do spin de uma partícula não poderia afetar o resultado da medição do spin de outra partícula. Ambas assunções concordam com as idéias da física clássica. Bell então mostrou que, de modo geral, tais pressuposições levam a uma certa correlação, agora conhecida como "inadequação de Bell", entre os valores dos spins encontrados de uma e de outra partícula. Vários experimentos, em diversos laboratórios, realizados com fótons, mostraram que a inadequação de Bell era sempre violada. Isso significa que a postulação de que antes de haver medição não existe um spin + ½ ou – ½ já definido para os fótons ou partículas, e que essa definição acontece somente com a medição, é verdadeira. Tal fato conduz à surpreendente conclusão de que a Natureza ou a realidade é "não-local", ou seja, de que o que acontece em uma parte do sistema *(como aquele duas as partículas que sofreram interação)* é comunicado "instantaneamente" à outra parte. Esse resultado está de acordo com a mecância quântica e não pode ser explicado pela hipótese de alguma variável oculta, baseada na idéia de "localidade". É forçoso concluir, a partir do resultado do experimento, que dois prótons constituem um par correlato e que a medição feita em um afeta o estado dos dois, não importando o quão distante estejam entre si.

Ora, isso somente seria possível – *levando-se em consideração que antes da medição os spins não estão definidos para nenhuma delas* – se aceitasse a idéia *(absurda e contrária à experiência, segundo Einstein)* de que a influência da medição em A atingiria B com uma velocidade mais elevada que a da luz, se as partículas estivessem suficientemente afastadas entre si.

Todavia, em 1982, Alain Aspect, da Universidade de Paris, efetuou uma experiência que, aparentemente, jogou por terra a suposição de localidade e objetividade asseverada por Einstein. O experimento foi concebido para verificar a desigualdade de Bell. Segundo esta, se a realidade fosse clássica, objetiva e local; se o que se media em um sistema **não afetava imediatamente** o outro, então o experimento deveria obedecer a uma certa proporção de erros e de acertos que resultava da variação, extremamente rápida, do ângulo de polarização([15]) de detectores de fótons *(com spins opostos)* emitidos em direções opostas pela mesma fonte, e depois de sua partida. Assim, se ambos os detetores de polarização tivessem um ângulo de 0º entre si, a proporção de acertos e erros seria igual para ambos. Isso é, a seqüência de fótons que passariam ou não pelos polarizadores seria a mesma. Já para um ângulo de 25º, a discrepância entre os registros seria aproximadamente de 10 %.

A experiência de Aspect mostrou que ao se dobrar o ângulo *(50º),* o número de erros sobe para 30 %. Todavia, a desigualdade de Bell diz que ao duplicar o ângulo, o índice da

---

([15]) Polarização é a propriedade que possui a vibração do campo eletromagnético de uma radiação – como a luz – de estar ordenada numa direção determinada. Em um feixe de luz natural, não polarizada, o campo elétrico e o campo magnético vibram aleatoriamente em todas as direções, sempre de forma perpendicular à direção de propagação da onda de luz. A polarização da luz consiste, mediante um procedimento específico, em fazer com que a direção da vibração dos campos elétrico e magnético de uma radiação seja a mesma para todas as ondas de luz. A luz pode ser polarizada pela reflexão, ou passando por certos filtros, como os cristais, que só permitem que os atravessem vibrações orientadas num único plano e não em outro.

discrepância teria que ser igual ou menor que o dobro. No caso mencionado acima, deveria ser igual ou menor que 20%.

O fato de a experiência revelar que tal desigualdade é sempre violada em testes semelhantes é interpretado como tendo confirmado exatamente a suposição de que a realidade é indeterminada; que os spins de A e B não estão *a priori* determinados, como pensava Einstein, mas que sua definição faz-se de fato no momento da medição. E mais, que A e B estão, de alguma forma misteriosa, unidos "telepaticamente", de tal modo que, por mais distantes que estejam entre si, o que acontece em A repercute imediatamente em B. Conclui-se, assim, que o Universo, a realidade, a estrutura profunda do espaço-tempo, é não-local, que está organicamente relacionado, em todas as suas partes e partículas, de forma instantânea ([16]).

. O curioso comportamento da entidade quântica que não respeita aquilo que se esperava, dentro do modelo clássico da física, é semelhante ao estranho comportamento da luz no experimento dos três polarizadores *(o horizontal, o diagonal e o vertical)* e talvez revele uma característica intrínseca da entidade subatômica, e do fenômeno chamado de polarização, que não sabemos ao certo o que seja e como funciona.

Em tal experiência, um polarizador vertical é colocado em frente de uma fonte de luz. Muitos raios de luz passam por ele. Em seguida, põe-se um polarizador horizontal. Nenhuma luz alcança o outro lado. Entretanto, se um polarizador diagonal é disposto entre os dois outros, o vertical e o horizontal, a luz atravessa os três filtros e chega onde antes não havia luz.

Por certo tal comportamento é estranho em relação àquilo que estamos habituados a ver no mundo macroscópi-

---

([16]) Nesse caso, a idéia de logos, de mente universal – *que é consciência auto-refletida* – impõe-se como força agregadora, unificadora e estruturadora dessa realidade holística.

co. Talvez revele um pouco da natureza misteriosa dos objetos subatômicos e permita-nos afirmar que tal mundo contém certos segredos que, uma vez desvendados e controlados, nos permitirão realizar façanhas extraordinárias e até agora inimagináveis, como, por exemplo, o teletransporte, a viagem instantânea a outras galáxias etc.

c) Intersubjetividade

Se o mundo ou a realidade está sempre relacionada à consciência que o percebe, como demonstrado acima, de que modo então é possível a intersubjetividade, ou seja, o acordo de percepções entre os diversos sujeitos a respeito de um mesmo acontecimento?

O bispo Berkeley afirmava que Deus era responsável por esse acordo de percepções nas diversas consciências individuais. Os objetos ou percepções eram por ele considerados como idéias na mente de Deus, idéias essas que o Ser supremo imprimia nas mentes individuais, fazendo surgir nelas o mundo percebido. Seria essa mente universal divina o referencial absoluto que fazia com que a realidade fosse sempre a mesma para toda e qualquer consciência. Desse modo, embora não existisse, para ele, um mundo objetivo, substancial, fora da consciência individual, havia, no entanto, um mundo objetivo que estava na mente de Deus.

Uma resposta menos radical a essa pergunta, mas nessa mesma linha, é a que une a teoria da relatividade e a noção kantiana de subjetividade do tempo e do espaço com a suposição da existência de uma mente universal. Teríamos, assim, a seguinte explicação: a subjetividade da percepção *(dependente das formas do tempo e do espaço)* não implica um puro subjetivismo, pois todos os seres humanos teriam um padrão ou estrutura perceptiva comum. Por outro lado, a subjetividade de nossa percepção do espaço e do tempo não significa que não exista uma "realidade" fora de nós, parcialmente independente da consciência. O fato é que tal realidade é complementar à sua percepção. Fecharíamos a explicação supondo a existência de uma consciência supra-individual, para quem tanto os acontecimentos exteriores à nossa consciência quanto esta última seriam seus conteúdos. Haveria, dessa forma, dois níveis ou estratos nessa consciência coletiva ou universal. O primeiro seria o dos objetos ditos externos ou reais, dos acontecimentos físicos. O segundo, o dos acontecimentos internos, ou seja, as realidades interiores à consciência individual. A circunstância de ambos os níveis pertencerem a uma mesma consciência, a mente universal, é que tornaria possível a intersubjetividade.

A concepção de que há uma espécie de mente universal, um *logos*, que ordena a matéria e as leis resgata a idéia de uma *anima mundi (alma do mundo)* formulada por Platão, Plotino, Giordano Bruno e muitos outros.

3 – A matéria

O que as modernas investigações sobre as partículas elementares têm revelado, com o uso de poderosos aceleradores de partículas, é que não há limite para a divisão da matéria. Quanto mais energia se aplica às colisões, maior a quantidade de estilhaços que se obtêm. De modo que sempre se encontrará alguma "partícula" desconhecida toda vez que se desenvolver um acelerador mais potente que o anterior. Novos estados quantificados serão detectados, mesmo que de vida extremamente curta ([17]).

Na verdade, não existem propriamente "partículas elementares", mas estados quantificados de energia. É por isso que se diz que a matéria é um conjunto de acontecimentos no espaço-tempo *(dynamis)*, e não algo concreto e estático. Nessa perspectiva, o conceito de matéria se desmaterializa, dando lugar a uma concepção mais dinâmica e fluida da realidade. Hoje átomos e partículas subatômicas são entendidos como ondas, como ritmos de energia ou como dobras no es-

([17]) Penso que talvez a "menor" partícula possível corresponda à quantidade de energia da constante de Plank *(E= h.v, onde v=1. Logo, E=h)*

paço-tempo, nunca como algo sólido, concreto e estático. Cada partícula subatômica é vista como "*um ser transcendente, invisível e sem existência permanente, que apenas se manifesta através dos efeitos que produz na matéria ao atravessá-la e cuja aparência se conserva puramente como a de um acontecimento isolado*" (Robert Gourian, *Elementos de Física Nuclear*, Ed. Inova, 1967, p. 173).

Num certo sentido, a matéria pode ser vista como uma hierarquia de estruturas e de relações. Nesse contexto, o átomo seria algo semelhante a uma sinfonia, constituída por vários pontos vibrantes ou oscilantes: elétrons, quarks, nêutrons, prótons *(estes últimos compostos)* etc, todos, com seus padrões vibratórios particulares, a compor o padrão vibratório de uma determinada unidade orgânico-formal *(o átomo)*, e assim sucessivamente *(moléculas, células, organismos).*

a) Força e matéria

Foi com o advento da teoria da gravitação universal que, pela primeira vez, de um modo mais preciso, perguntou-se sobre a natureza ontológica de uma lei ou de uma força natural. No caso, a força da gravidade.

Para Newton, a gravidade era um enigma para o qual não quis formular nenhuma hipótese *(hipótese non fingo)*, a fim de não se embaraçar com especulações metafísicas indemonstráveis. Na atualidade, entretanto, questão como essa não pode e não tem sido evitada. Com efeito, o fundamento das forças naturais tornou-se objeto da preocupação de muitos teóricos.

Na concepção da física quântica, as forças são entendidas como o resultado de trocas de informações entre partículas, transportadas por partículas virtuais denominadas "bósons". É como se tais partículas condutoras de forças atuassem uniformemente nas demais partículas, levando um comando para elas se atraírem ou se afastarem. Tal visão é rica em conseqüências filosóficas, visto que implica considerar as partículas como entes até certo *ponto conscientes*, dotados de memória de posição, de movimento, spin etc, que obedecem a mandamentos específicos. Assim, por exemplo, a repulsão entre dois elétrons decorreria da troca de bósons *(fótons virtuais)* que enviam um ao outro uma mensagem, sempre obedecida, que diz: "afaste-se".

Outros físicos levantam a hipótese de que as forças de que a física se ocupa são a expressão de distorções espaciais em outras dimensões, dimensões estas que ficaram enroladas, depois do *Big Bang*, nas quatro que hoje conhecemos *(três espaciais e uma temporal)*. Enquanto as três dimensões espaciais constituiriam o campo da matéria, as demais seriam as dimensões das forças que governam o Universo. Essa idéia foi, pela primeira vez, formulada por Theodor Kaluza, em 1921. De acordo com ela, o eletromagnetismo seria, por exemplo, uma deformação geométrica da quinta dimensão espacial. Ou como diz Paul Davis, *"nesta teoria, uma onda eletromagnética, uma onda de rádio, nada mais é do que uma ruga na quinta dimensão"* (*Superforça*, Ed. Gradiva, 1983, 218). As forças, nessa perspectiva, ficariam reduzidas a deformações geométricas, da mesma forma como a gravidade é vista, para a teoria geral da relatividade, como uma deformação das quatro dimensões espaço-temporais.

Tais dimensões estariam presentes no espaço tridimensional numa ordem de grandeza extremamente reduzida – *menor que uma partícula subatômica* – e, por isso, não perceptível. Assim, a matéria, ou melhor, as partículas atômicas, seriam como dobras, ou concentração, no espaço quadridimensional, ao passo que as forças existiriam como realidades geométricas em dimensões mais elevadas([18]).

([18]) A meu ver, as forças são expressões de comandos normativos que manifestam ou expressam uma vontade natural. Não estão em algum lugar determinado, pois não são realidades espaciais, embora atuem no espaço. Podem ser compreendidas como entidades ordenadoras, "logóicas"'. Representam o aspecto mental da Natureza, aquilo que a faz ser um logos, uma ordem, um Cosmo.

4 – O Universo e as leis

Schopenhauer[19] observa, em sua obra *Sobre o Fundamento da Moral,* Ed. Martins Fontes, SP, 1995, p. 21, que lei natural tem um significado figurativo, metafórico, quando aplicado à Natureza. O seu significado próprio e originário está intimamente vinculado ao conceito de *lex, nomos,* ou lei civil, uma instituição humana que resulta da vontade do homem e que estrutura a sociedade.

Se, no plano do direito objetivo, dizemos que a lei, a norma jurídica, expressa uma vontade, a vontade do legislador *(usa-se com freqüência a expressão "a vontade da lei"),* da mesma forma podemos afirmar que a lei natural é, também, a expressão de um querer estável, de uma vontade *(da Natureza),* que, nesse sentido, pressupõe uma consciência supra-individual.

Em outros termos, o que chamamos de leis científicas podem ser pensadas como normas ou comandos que organizam o mundo físico – *lei da gravidade, do magnetismo, força forte, força fraca etc –,* como regras que estruturam a matéria e regulam o comportamento dos fenômenos, dando-lhes uma ordem e um fim *(um telos)*; um caminho a percorrer, um sentido de realização, na linha de uma complexidade sempre crescente e mais autônoma. Assemelham-se, nesse sentido, enquanto um conjunto, a um programa de computador, aparentemente fruto de uma deliberação consciente, de um projeto, de uma vontade cósmica.

Na sociedade, quando o comportamento do indivíduo destoa dos padrões exigidos pelo Direito, dizemos que o seu querer predominou, em razão de um outro influxo motivador, sobre a vontade da lei. A norma jurídica, tendo em conta a liberdade de seu destinatário, prevê, de modo geral, uma sanção no caso de violação. Na Natureza não se tem isso; não há liberdade. Os fenômenos estão presos de forma infle-

---

(19) **Arthur Schopenhauer** *(1788 – 1860),* filósofo germânico, que exerceu influência relevante no pensamento de Nietzche e de Freud.

xível à vontade ou comando da lei natural. O que pode acontecer é que, em virtude de circunstâncias especiais, passem a responder a comandos normativos diferentes. Tal fato ocorre porque há uma hierarquia de leis, que regem os fenômenos em função de suas características fundamentais, ativando um ou outro sistema regulador, uma ou outra lei, dependendo das características específicas, ou da complexidade dos fenômenos envolvidos.

É preciso considerar também que o Universo, da forma como o conhecemos, possui por trás de si outras forças além das mencionadas. Cada uma delas predomina numa determinada escala de distância ou nível de complexidade. Por exemplo, quando os átomos se agrupam em moléculas, um determinado número *(mediante a vibração de conjunto)* põe em operação uma outra lei, que estava latente, que direciona a matéria a agrupamentos crescentes, até o surgimento da vida, da percepção, da sensação, do pensamento e da consciência. São as leis da vida.

A química inorgânica, a química orgânica, a genética etc. são ciências que buscam o reconhecimento dessas leis. Empiricamente já se identificaram muitas delas, como as leis de valência, por exemplo, mas o formalismo com que são tratadas é ainda incipiente.

Além das quatro leis, ou forças, já praticamente *axiomatizadas*, que são uma construção da física moderna, verifica-se que muitas outras existem que atuam e se manifestam em variados estágios de complexidade da matéria organizada. No organismo vivo, por exemplo, está em atuação uma lei, ou várias leis, sistêmicas, integrativas, que não operam na simples matéria inorgânica. E cada lei apresenta um elo, um limite conectivo, com a lei que lhe é imediatamente superior, de tal forma que, no seu conjunto, o organismo vivo caminha no sentido de uma crescente complexidade.

De fato, não se pode duvidar que a vida deve ter por trás de si leis que a tornam possível, leis que já a pressupõem, tão objetivas quanto as leis da físicas. Da mesma forma, é certo que existem leis que estruturam e tornam possível o surgimento da consciência, da razão, da vontade e do sentimento, leis estas que passam a atuar quando a vida atinge o estágio consciente e pode pensar. O Universo parece ser – *e de fato para nossa inteligência ele é* – uma ordem escalonada de leis, que rege uma outra ordem escalonada de fenômenos e estruturas, num todo orgânico, como se fosse um organismo cósmico.

Observe-se que todas as forças ou leis são anti-entrópicas, à medida que mantêm a matéria organizada *(na verdade sem força a matéria não existiria)*, porque atuam no sentido inverso ao da segunda lei da termodinâmica *(entropia)*. A energia de um sistema é precisamente a força *(ou energia)* acumulada nesse sistema. Mas, por outro lado, enquanto fluxo de transferência ou movimento, é a entropia em ato: a busca de um estado de concentração mais baixo que o existente. É certo que toda matéria, caótica ou organizada, resulta de uma força momentaneamente mais forte que a entropia, posto que caminha no sentido contrário a esta.

É isso que me faz concluir que as leis científicas parecem ser a expressão de uma vontade, uma vontade cósmica consciente.

Vimos que a própria consciência ou a mente possui uma estrutura, uma forma,*(e leis)* que se encontram em outra dimensão temporal e espacial. Não são coisas, como uma mesa, um cérebro e nem mesmo um elétron o são. Kant tentou, como dito, demonstrar essas leis e essa estrutura da consciência cognoscente na *Crítica da Razão Pura*, derivando-as dos conceitos do Entendimento e das Idéias da Razão, conceitos e idéias organizadores da experiência e constituidores do conhecimento.

Mas se há uma estrutura *(um eu transcendental, no dizer de Kant)*, temos então que supor um agente estruturador, ou não?

Uma das provas da existência de Deus formuladas por Tomás de Aquino é precisamente aquela que parte das conseqüências para a causa. Se vejo ordem no mundo, devo concluir que há alguém que o ordene, da mesma forma que, quando vejo o mecanismo de um relógio, devo supor uma mente que o tenha construído.

De qualquer modo, e voltando ao tema da consciência, ou da mente, se é certo que esta seja também regulada por leis e possui uma organização, é também certo que tal estrutura não é física, ou uma substância material, uma presença física tridimensional. Em outros termos, as leis que governam e ordenam tanto o universo físico quanto a mente humana não são "coisas" materiais, mas objetos metafísicos, a respeito dos quais muito pouco conhecemos.

Vale considerar ainda que o holismo é uma postulação necessária – *um pressuposto inarredável* – para se compreender a atuação das forças naturais. É a idéia de que tudo está relacionado com tudo. De fato, as forças atuam porque a consciência está por trás de toda e qualquer troca de informações, especificamente dos comandos transmitidos pelas denominadas forças naturais às entidades que sofrem os seus efeitos. Isso naturalmente conduz à noção de mente cósmica, posto que nesse sentido, em última instância, toda realidade é resolvida em consciência, ou mais exatamente, tudo é consciência.

Com efeito, o conceito de campo, por exemplo, campo gravitacional, campo elétrico, campo magnético etc, na verdade não explica o mecanismo pelo qual uma determinada entidade física, seja uma partícula subatômica ou uma massa física considerável, é afetada e direcionada ou pelo campo elétrico, num caso, ou pelo campo gravitacional, no outro. Dizer simplesmente que o campo comunica uma força, ou influencia tal entidade não resolve a questão. É preciso postular algo mais: uma consciência, ou mente, da aludida partícula.

Penso que a entidade atômica tenha uma consciência particular, e o corpo pesado, um campo que seria o somatório das consciências elementares ou atômicas que o constituem.

De qualquer forma, tal campo seria ou teria também uma consciência. Obviamente, não como a nossa, mas, mesmo assim, dotado de sensibilidade para as forças que o influenciam.

Sob semelhante enfoque, tudo é vida, tudo é consciência, em variados graus e estados de percepção e desenvolvimento. Um elétron, por exemplo, somente pode obedecer à informação contida num campo ou comunicada por uma partícula "virtual" transportadora de força, se souber "obedecer" às informações recebidas. Ora, troca de informação pressupõe, logicamente, capacidade de assimilar, entender, sentir, enfim, de tomar consciência.

Na física quântica vemos a reabilitação da consciência como fator fundamental da ciência. O que proponho é afirmá-la como estofo da realidade. Realidade é consciência.

a) Duas postulações metafísicas fundamentais: o Universo é inteligível e previsível

De tudo o que dissemos até agora torna-se fácil perceber que a inteligibilidade – *capacidade de ser entendido ou compreendido* – e a previsibilidade – *a idéia de que as leis físicas são regulares, isto é, permanecem constantes ao longo do tempo* – da Natureza constituem os pressupostos fundamentais do conhecimento em geral e da ciência em particular. Com efeito, a assunção metafísica básica de qualquer ciência, aí naturalmente incluindo a física, é que o Universo é inteligível; que constitui uma ordem regulada por leis, ou em termos mais ousados, que é uma grande mente, um *logos*. A busca de leis ou de regularidades que expliquem o comportamento dos fenômenos está baseada precisamente em tal suposição. De fato o termo "lei" incorpora em si a noção de *comando permanente* ou *regra estável* que determina o processo e o padrão pelos quais os eventos ocorrem. Assim, buscar uma lei é procurar uma ordem implícita e explícita na Natureza, e isso significa supor que a estrutura do mundo é racional, o que significa, num certo sentido, que a estrutura do Universo e a estrutura de nossa consciência ou de nossa mente coincidem. Do contrário seria impossível o conhecimento da Natureza. A afinidade entre mente e Natureza é corolário da noção de conhecimento objetivo.

Sem tal suposição não é possível o que denominamos conhecimento. Este implica considerar não só que as próprias leis do conhecimento sejam estáveis e universais mas também que o objeto de conhecimento seja regulado por princípios igualmente estáveis e universais. Todos os seres vivos atuam a partir dessa crença espontânea; a crença de que "as coisas" e os acontecimentos possuem um padrão estável. É o que ocorre, por exemplo, quando um cão "aprende" que o fogo queima, que causa dor. Portanto, todo aprendizado, toda aquisição e progresso cognitivo pressupõem *(inconsciente ou conscientemente)* a inteligibilidade, a regularidade, a universalidade e a previsibilidade de nossas teorias sobre o Universo.

b) O princípio antrópico

Um dos maiores problemas cosmológicos e também filosóficos é a questão do porquê o Universo em que vivemos é assim como é; por que apresenta uma determinada forma de evolução e não outra; por que tem presentemente a configuração atual e não uma diversa. Podemos responder preliminarmente a esta última questão dizendo que se sua configuração não fosse a atual, não estaríamos aqui para formular tal questão. Esse é o chamado princípio antrópico. Temos ainda que considerar que a maneira como percebemos e pensamos o mundo está condicionada pela estrutura de nossa percepção e inteligência, e, nesse sentido, esse mesmo mundo está em nós, e não fora de nós. Há, portanto, que se compatibilizar o Universo fora de nós com a forma pela qual o construímos *(e o percebemos)*.

O princípio antrópico, em sua versão mais forte, pode ser assim formulado: o Universo existe para que nele se desenvolva a consciência que o percebe. Do contrário, não estaríamos aqui para percebê-lo e pensar sobre ele.

Essa postulação decorre da reflexão segundo a qual não poderia haver um Universo sem uma consciência para a qual fosse objeto. Daí a conclusão de que as leis da física foram "projetadas" precisamente para que delas resultasse um tipo de Universo em que a vida consciente e autoconsciente fosse possível.

5 – As possibilidades do vazio

De acordo com a mecânica quântica a noção clássica de vazio como ausência completa de objetos alterou-se. Para ela, o vazio – *o que denominamos espaço sem matéria* – está cheio, e, nos pequenos intervalos de tempo, partículas *(como elétrons e pósitrons)* aparecem e se aniquilam numa velocidade vertiginosa, sobretudo nas imediações de uma grande concentração de matéria ou de energia. De modo que a pequenas distâncias, uma outra realidade se revela: surgem e desaparecem incessantemente partículas e antipartículas, entidades estas chamadas "virtuais", devido ao caráter efêmero de sua existência. São oscilações de energia no que é chamado de vácuo quântico *(cerca de 10 elevado a -10 centímetros)*. Para distâncias inferiores *(10 elevado a -35)*, as oscilações são muito mais poderosas, e partículas com massa dez milhões de trilhões *(10 elevado a 19)* maior que a de um próton podem formar-se e aniquilar-se quase que instantaneamente. Mas para tais partículas e antipartículas "virtuais" tornarem-se "reais", ou seja, com vida mais longa, seria preciso, em princípio, o fornecimento de energia ([20]).

Dessa forma, quando a distância e os intervalos de tempo tendem para o infinitesimal, a instabilidade e a possibilidade de repentinas existências quânticas caminham para o infinito. Esse é o denominado efeito de "polarização do vá-

---

([20]) Pode-se pensar que de alguma maneira o *Big Bang* tenha se originado de uma dessas flutuações do "vazio", antes mesmo de haver espaço. Ver adiante, item VI – O *Big Bang* e o Universo vindo do Nada.

cuo", por força do qual do Nada *(ou do vácuo)* nasce uma infinidade de eventos efêmeros, mas reais. Daí as palavras do matemático e físico inglês Heinz R. Pagels *(O Código Cósmico,* Ed. Gradiva, 1982, p. 327) para quem *"o vácuo contém toda a física. Tudo o que pode ter existido ou virá a existir alguma vez está potencialmente no Nada do espaço". E que "O vácuo flutua aleatoriamente entre o ser e o Nada".*

a) O Big Bang – o Universo vindo do Nada

Hoje há um consenso entre físicos, cosmólogos e astrofísicos de que a teoria do *Big Bang* é aquela que melhor explica o surgimento do Universo. Segundo ela, nos seus primeiros instantes, quando a temperatura e a energia eram quase infinitas – *e quando o Universo era simétrico* –, circulavam apenas as partículas, se assim podemos chamar, transportadoras de forças elementares, porque não havia ainda matéria. Das forças, ou de uma única superforça, surgiram as partículas elementares. Estima-se que a quebra de simetria que ocasionou a diferenciação de uma superforça, que englobava as quatro forças físicas que hoje conhecemos, ocorreu quando o Universo tinha aproximadamente 1 trilionésimo de segundo de vida e 1 trilhão de graus centígrados.

Mas o que teria desencadeado tal explosão? Alguns teóricos mais ousados, como Alan Guth e Heinz Pagels, levando ao extremo o princípio da incerteza de Heisenberg, e considerando que o Nada é instável, afirmam que é esta instabilidade – *uma flutuação no vácuo* – que desencadearia o processo, admitindo uma Criação *ex-nihilo,* sem um criador.

Todavia, se o Universo procede do Nada, de uma flutuação do vazio([21]), então o Nada *(o "antes" da grande explosão)* é também a totalidade possível do que existe formalmente ou do que pode existir materialmente *(o Nada é, na*

([21]) O vazio é puro princípio de atividade ou atividade abstrata. No vazio não há nenhuma resistência. Ele tende a ser Tudo, mas para isso precisa da matéria, de algo que é pura resistência, da obscuridade. Assim surge o Universo.

verdade, não-existência, que é possibilidade de qualquer existência; é incondicionado, fonte e possibilidade de qualquer condicionado).

Do ponto de vista da lógica, há um procedimento formal que permite derivar qualquer enunciado de uma contradição, o que, de certa forma, apóia, de modo analógico, a tese da derivação do Universo surgido do Nada, ou melhor, originado das infinitas possibilidades *contraditória entre si* – decorrentes do Nada. Nesse caso, o Nada, do ponto de vista formal, é o mesmo que uma contradição, que em si é não-existência. Também o Nada é necessariamente não-existência, da qual qualquer existência é possível.

Nesse sentido, o grande lógico Alfred Tarski observa *(in O Desenvolvimento da Lógica,* William Keneale e Martha Keneale, Calouste Gulbenkian, Lisboa, 1980, p. 649) que *"podemos mostrar que só são analíticas aquelas frases que se seguem de qualquer classe de frases (em particular da CLASSE VAZIA) e* ***que são contraditórias aquelas classes das quais se segue qualquer frase***". Assim, de uma contradição pode-se deduzir formalmente qualquer proposição.

Vejamos como pode ser formalizada, na linguagem da lógica modal, a segunda parte desse enunciado.

Sejam A, ñA (não-A) e B quaisquer enunciados ou proposições. Então temos que ao afirmarmos A e ñA, sua contraditória, é possível deduzir qualquer enunciado B:

A e ñA = B (ou qualquer outra coisa).

DEMONSTRAÇÃO:

1- A e ñA	*premissa*
2- A 1,	*simplificação*
3- ñA 1,	*simplificação*
4- A ou B 2,	*adição*
5- B 3,4	*silogismo disjuntivo (S.D).*

Como B pode ser qualquer enunciado, ou qualquer proposição, ela na verdade representa qualquer coisa, ou seja, o infinito.

Isso pode ser dito de outra forma, que é a que mais nos interessa: A e ñA = infinito.

Dir-se-á que de algo puramente formal, como de uma contradição, não se pode extrair nada real, ou seja, não se pode derivar o Universo. É preciso ressaltar, todavia, que o exemplo da contradição tem um significado apenas analógico, para indicar que do incondicionado *(que abriga todas as possibilidades de existência)* tudo é possível. Basta uma força, um impulso, uma vontade.

Em outros termos, podemos dizer que a partir do Nada, como puro incondicionado, tudo é possível, pois não há condições ou limites prévios que determinem de antemão qualquer modo de existência ou de ser. No Nada as possibilidades contraditórias são simultâneas, e por isso se anulam reciprocamente. O Nada é, assim, a totalidade simultânea das possibilidades contraditórias. Da mesma forma, mas num sentido analógico, de uma contradição, do ponto de vista formal, não há mais condições que possam condicionar o conteúdo de qualquer enunciado ou proposição que dela se queira derivar. O Nada, se por um lado é nada de determinação, é plenitude de possibilidades infinitas. Constitui o único fundamento, com suas possibilidades infinitas, ilimitadas e incondicionadas, o básico e formal do Universo e de sua evolução ascendente e sem fim.

Como se verá a seguir, é preciso postular, no entanto, a existência da consciência para dar conta da passagem do que é simples possibilidade lógica à realidade.

b) Existência e possibilidade

A relação entre existência e possibilidade apresenta um problema de fundo: saber se as possibilidades lógicas de Ser a partir do Nada, que são infinitas, necessariamente devem existir, independentemente de um sujeito que as perceba, ou se pressupõem uma consciência como mediadora. Neste último caso, a existência seria uma função da consciência. Esta constituiria, ela própria, uma possibilidade condicionante por meio da qual todas as outras existem ou podem vir a existir.

É inconcebível e ilógico pensar-se em existência sem a contraparte da consciência, para qual o objeto exterior existe ([22]). Penso que nesse caso, toda e qualquer possibilidade *(de existência)* seria primeiro uma possibilidade de estado de consciência, de forma que são os estados de consciência, em última instância, os reais. Eles criam a realidade sentida, percebida e pensada. Ou melhor, são essa realidade.

Por outro lado, se toda possibilidade deve necessariamente "ser" no tempo, então o tempo é condição *sine qua non* de qualquer fenômeno e fundamento da própria consciência perceptiva, que é, por sua vez, condição necessária da existência. Cabe, no entanto, a indagação: se existência é igual à consciência, pergunta-se: por que o Ser, ou um Ser particular, por que uma linha de existência e não outra? E, se existir é estar no tempo linear, só podemos conceber uma linha de existência a cada tempo, e não todas as linhas possíveis. A menos que cada possibilidade se realize em um Universo paralelo, num tempo esférico, ainda que seja lícito supor que, na infinidade do tempo *(linear ou sucessivo),* todas as possibilidades se realizem. Mas isso vai de encontro ao fato de aparentemente só uma delas ter, atualmente, existência real, com exclusão das demais. Caímos mais uma vez no paradoxo identificado por inúmeros filósofos: se a seqüência termina num ponto determinado, pergunta-se: o que havia antes? E como desse antes, que é o Nada, pode surgir alguma coisa? Como, a partir de um único acontecimento – *digamos o Big Bang, uma flutuação do Nada* – podem ter-se desenvolvido infindáveis complexidades, tão heterogêneas

---

([22]) Assim, somente "existe" aquilo que pode ser sentido, percebido ou pensado. Desse modo, as infinitas possibilidades lógicas de existência *(decorrentes do princípio lógico de que "do Nada tudo pode decorrer")* não têm nenhuma significação se não estiverem relacionadas a um eu que as percebe; devem necessariamente ser conteúdo de uma consciência.

entre si, como uma galáxia, um papagaio e uma sonata de Beethoven?

Parece-me não restar outra saída senão apelar para o conceito de Deus ou de mente como estrutura real da Natureza: Deus como a totalidade de possibilidades, totalidade essa que possui vontade, inteligência e consciência e que, nessa medida, cria e escolhe uma ordem inteligente *(sem afetar contudo a liberdade das criaturas)*.

Mas, se todas as possibilidades existem na consciência ou na mente de Deus, atualmente, o que faz com que para mim todas as possibilidades não sejam atuais e simultâneas, mas sucessivas? Para mim só é real e atual a possibilidade daquilo que sou imediatamente consciente, ou melhor, da realidade que percebo e sinto imediatamente, da qual tenho consciência sensível – *dor, prazer ou qualquer sensação* – e consciência perceptiva.

Dessa simples constatação, cabe uma pergunta sobre o significado do tempo, porque é este, como vimos, o fundamento de possibilidade da própria sucessão de estados de consciência([23]) e da multiplicidade impermanente e fluida do mundo.

Podemos dizer, dando largas à imaginação, que o tempo é uma quebra da "unidade absoluta" e total do Nada. Essa quebra da unidade fundamental também explicaria a possível multiplicidade de estados de consciência, em correlação parcial com os sucessivos estados do mundo fora da consciência. De alguma maneira, é a unidade autoconsciente *(que pode ser chamada de Deus)* de todos os possíveis no Nada original que desencadeia o impulso para fora de si mesmo, criando o outro de si. O que daria nascimento ao tempo, e, com ele, a existência, com toda a multiplicidade de seus inumeráveis e possíveis estados. A consciência una se fragmenta em reflexos de si mesma, e, assim, nasce a multiplicidade.

([23]) Ou seria a própria sucessão de estados de consciência o fundamento do tempo? Talvez a discussão seja inócua, pois são ambos a mesma coisa.

Ao considerarmos a questão da existência sob a ótica das possibilidades lógicas, constatamos que há, de um lado, a totalidade das possibilidades que decorrem do Nada *(uma ordem de meras possibilidades lógicas),* mas que nada são enquanto não se expressam na realidade tempo-espacial ou como conteúdo de consciência na mente de algum ser e, de outro, uma ordem de realidades tempo-espaciais. Penso que esta exige, para existir, necessariamente, a consciência como sua condição ou mediação. E a exige em dois estágios ou momentos diversos: primeiro, como mero conteúdo de consciência; segundo, como realização de tais possibilidades mediante a atividade "livre" da vontade na manifestação de tais conteúdos na realidade exterior. De modo que a realidade exterior, fenomênica, não pode ingressar na ordem do existir ou do ser, como fenômeno espaço-temporal, sem a mediação da consciência.

Dessa forma, consciência e Nada são duas faces da totalidade eterna do Tudo-Nada. Com a consciência, a ordem das possibilidades lógicas incondicionadas, que constituem um infinito potencial, tende sucessiva e simultaneamente a existir *(no tempo e no espaço).* Em primeiro lugar, na interioridade da consciência, como realidade temporal na consciência; depois, como exterioridade ou alteridade fenomênica, realidade espaço-temporal. Todavia, o trânsito da existência na consciência, no pensamento, para a realidade exterior, fora da consciência *(realidade intersubjetiva)* é, como vimos, mediado pela *vontade.* A consciência é necessariamente limitada e temporal para conter uma sucessão de possibilidades lógicas de existências. Não pode contê-las todas ao mesmo tempo([24]).

([24]) Daí por que no universo fenomênico *(universo físico)* toda realização se faz de forma sucessiva, progressiva. Ou melhor, essa é a razão pela qual há evolução, progresso e desenvolvimento no âmbito do universo físico e nas formas de expressão da vida. E, ao mesmo tempo que se intensifica e expande a consciência, o seu grau ou poder de

A razão por que a consciência constitui um elo necessário nesse processo de construção ou manifestação espaço-temporal é evidente. O que consiste em simples possibilidade vazia, que tudo pode ser, não pode se tornar realidade tempo-espacial. Não pode se expressar na ordem das realidades senão por meio de um poder de realização que não apenas possa manifestar tais possibilidades, mas que, primeiro, *"escolha"* ([25]) qual delas irá, de forma concreta, efetivar exteriormente.

Portanto, é lícito dizer que o mundo exterior, que é o mundo do existir, e o mundo interior, a consciência, que é o do sentir ou do vivenciar, são complementares, porque um não existe sem o outro. São dois aspectos de uma mesma realidade ou de um mesmo processo. O sentir tem como pressuposto o existir, a alteridade. E vice-versa.

Toda sensação é uma decorrência da existência de um mundo exterior à própria consciência, que é diferente da consciência; e é essa diferença que torna possível a sensação.

Ademais, toda possibilidade pensada, uma vez como conteúdo de consciência – *de qualquer consciência* – tem uma tendência intrínseca e natural a se expressar ou se manifestar, de tornar-se real, como fenômeno ou acontecimento espaço-temporal. Todavia, se por um lado, ainda que as possibilidades devam ser de algum modo construídas na e pela consciência e, nesse sentido, exigem – *como dito* – um esforço de elaboração, por outro lado há como

---

expressão das possibilidades nela contidas *(ou construídas)* na realidade exterior também aumenta.

Assim, toda manifestação na ordem das realidades exteriores é mediada pela necessária limitação ou sucessão do tempo na consciência, que individualiza e torna concretamente possível pelo tempo ou sucessão o que constituía mera possibilidade lógica, vazia, puro incondicionado.

([25]) Escolha essa que não é meramente escolha, mas envolve um processo de criação, um esforço de formulação e elaboração mediante o qual o espírito – que é consciência mais o seu poder de realização – despende um esforço para construir em si mesmo um conteúdo correspondente ao que é simples possibilidade lógica.

uma "pressão" ou "tendência" de toda possibilidade a tornar-se conteúdo de consciência *(pensamento)* e ganhar, por meio desta, realidade de existência, expressando-se concretamente como exterioridade.

Em razão disso, somente a consciência *(de Deus ou da criatura)* pode impedir que se concretize na realidade, ou de fato se realize, uma determinada linha de possibilidade, que, em princípio, era apenas um Nada, uma potencialidade vazia incondicionada, mera possibilidade de ser.

Do ponto de vista axiológico, da moral, o mal ou o bem dependerá, sempre, de alguma consciência. Não há nem bem nem mal gratuitos. Tudo o que acontece e ganha expressão real decorre sempre de um querer, de um anseio, de uma vontade. Isso não significa, todavia, que haja total conhecimento das conseqüências do que se quer – *a consciência quer sempre experimentar, impulsionada pela tendência natural das possibilidades realizarem-se no mundo exterior, no espaço*. Pode-se apenas conhecer os meios, não os fins, ou, ao contrário, os fins e não os meios, mas nunca o processo todo, posto que a mediação de mais de uma consciência é necessária para fazer um Universo. Não há Universo, nem Deus, se não existir criaturas conscientes que possam, por meio de seu poder livre, contribuir ou gerar as condições volitivas necessárias para efetivar a ideação ou o plano da Criação originalmente concebido por alguma potência criadora.

O pensamento constitui um fluxo ou a expressão dessas possibilidades na consciência. E, do mesmo modo como na consciência o seu conteúdo é sempre fluido, no mundo concreto, espacial, sua existência é, também, constante fluxo. É que em ambas as instâncias – *consciência e espaço* – o tempo constitui seu fundamento. E não há – *repita-se* – nada no mundo que não tenha estado antes na consciência, ou tenha sido antes pensamento: pensamento humano ou pensamento divino.

Do acima exposto, suponho que se possa afirmar que Deus não é, nem pode ser, onipotente. Se fosse, não criaria. Ou melhor, sua onipotência é progressiva e somente se realiza no tempo *(de forma indefinida e infinita)*. Tem poder de criar qualquer realidade, mas deve fazê-lo submetido ao tempo *(à mecânica da sucessividade)*, que é o modo, como afirmava Leibniz, de evitar-se a existência simultânea de realidades contraditórias, que feririam o princípio de não-contradição. E a forma, o método ou o processo pelo qual Deus, ou o Deus de nosso Universo, planeja o início de sua criação talvez seja o do *Big Bang*, do qual surgem ao mesmo tempo o tempo, o espaço, a energia, as leis e a matéria e as precondições para o desenvolvimento do pensamento divino *(o programa da Criação)*. De alguma forma isso somente é possível por meio da sucessão de uma realidade a outra, de uma possibilidade a outra, até um determinado fim, que constitui o aperfeiçoamento ou a realização da ideação de Deus, até outro ciclo de manifestação, mediante um novo *Big Bang*.

Pode-se concluir disso que, se Deus fosse perfeito, ou seja, se tivesse consciência e autoconsciência de sua perfeição, da totalidade infinita de suas capacidades, então não precisaria criar. A Criação é indício seguro de que o criador e a criatura evoluem, e por meio das criaturas – *que são seus terminais nervosos, sensíveis* – Deus evolui, cresce, se reconhece e se desenvolve, atualizando seu potencial infinito. Esse poder infinito é o poder incondicionado do Nada, o poder de ser qualquer coisa condicionada, mas sempre de forma sucessiva. Daí surge o tempo.

Dessa forma, o tempo é princípio de evolução, porque permite a sucessão das possibilidades meramente lógicas existentes na mente de Deus e, por meio delas, e de Sua vontade, manifestar-se em realidades exteriores, no espaço *(fundamento e essência da alteridade ou a alteridade em si mesma)*. Este é o lugar onde Deus se expressa e experimenta a si mesmo *(olhando-se de fora, numa nova perspectiva)*, ou melhor, onde se espelha e toma progressiva consciência de si. Podemos dizer, portanto, que Deus ou o Demiurgo cria o Universo para ser a um só tempo ator e espectador do drama da Criação, e assim evoluir através do tempo.

Deus objetiva, com a Criação, criar perspectivas de si mesmo; múltiplas e infinitas maneiras de conhecer-se e experimentar-se. Cada uma dessas perspectivas que surge – *com os seres criados* – constitui uma novidade, uma fonte de engrandecimento e ensinamento para Ele.

Penso que somos, enquanto criaturas, a autoconsciência do tempo; o tempo tomando consciência de si mesmo. E tal processo permite a evolução do Universo e de Deus. Deus evolui por nosso intermédio. A criatura, existência consciente no tempo e do tempo, é imprescindível para o Ser efetivar as suas infinitas possibilidades. Disso decorre a necessidade de ciclos constantes de manifestação e de repouso, um para gerar informação e experiência, outro para processar o que assim foi obtido, de modo a poder-se avançar no caminho da evolução. Deus, ou a consciência, sempre busca formas novas de autopercepção, de auto-expressão.

A onipotência divina, ou do Ser em geral, é construída paulatinamente, no tempo e pelo tempo. Nesse sentido, essa onipotência constitui um horizonte que nunca é atingido, mas que a própria vontade divina a persegue sem cessar o processo de Criação.

6 – Cosmogonias antigas

A maioria dos físicos acabou por aderir à teoria de que o Universo *(tempo, espaço, matéria e ordem)* surgiu de uma grande explosão *(Big Bang)*, a partir de um ponto infinitamente pequeno e densidade energética infinitamente elevada; enfim, de uma singularidade, na terminologia técnica.

Se esse é um acontecimento único, ou se já houve outros Universos que surgiram e desapareceram, a ciência moderna não tem ainda um posicionamento firme *(e talvez nunca venha a tê-lo)*, em virtude de nossas evidentes limitações cognitivas. Todavia, essa indagação sempre fez parte, juntamente com o tema da gênese do Universo, das preocupações mais fundamentais da humanidade, expressas nos mitos cosmogônicos de quase todos os povos.

O Rig Veda

O *Rig Veda*, uma das mais antigas escrituras sagradas hindus, no hino à Criação, assim descreve o surgimento do cosmo:

> *"Não existia nem o ser nem o não-ser.*
>
> *Não havia espaço, nem o céu que está acima.*
>
> *O que então entrou em atividade? Onde? Com o amparo de quem?*
>
> *Existiam as águas infinitamente profundas?*
>
> *Não havia morte nem imortalidade então. Nenhum sinal da noite ou do dia. O Um respirava, sem qualquer sopro, por seu próprio impulso. Nada havia além disso.*
>
> *No começo as trevas ocultavam-se nas trevas. Sem marcas distintivas, tudo era água. A força da vida, que estava escondida no vazio, surgiu no Um pelo poder do ardente calor.*
>
> *No início o desejo irrompeu no Um; este foi o primeiro germe da mente.*
>
> *Os poetas procurando em seu coração com sabedoria encontraram o fundamento da existência na não existência.*
>
> *O que havia abaixo? O que havia acima? Existiam lugares de semeadura. Havia também poderes. Um impulso de baixo e outro de cima aconteceu.*

Quem realmente sabe? Da onde foi produzido? De onde proveio essa Criação? Os deuses surgiram depois, com a Criação do Universo. Quem realmente sabe de onde eles vieram? De onde essa Criação surgiu? Talvez ela tenha criado a si mesma ou talvez não. Somente Aquele que olha para ela do mais elevado céu é quem sabe. Ou talvez nem ele saiba.

A existência é enunciada como resultado de um ardente calor, produzido pelo sacrifício do Um. Para alguns exegetas, constitui um sacrifício por que implica uma restrição, uma limitação; a submissão da vida incondicionada ao condicionamento e restrição do espaço e do tempo. A causa dessa autorestrição e imolação seria o desejo, que é a semente do pensamento e do Universo. Nesse sentido, o desejo precederia o pensamento. Este seria o resultado da busca do que é outro, da alteridade; do desejo de ser alguma coisa, do anseio de ser menos para focalizar-se mais e, assim, sentir-se com maior intensidade. É essa a razão de se dizer que o pensamento e o Universo têm a mesma natureza. Ambos são filhos do desejo.

Blavatsky e A Doutrina Secreta

No Proêmio de sua interessante obra *A Doutrina Secreta, livro publicado em 1888,* Blavatsky refere-se a um manuscrito – *o livro de Dizian, documento antiqüíssimo que a autora diz ser um registro guardado nos mosteiros tibetanos* – no qual figura o processo da Criação ou da manifestação cósmica. A sua interpretação, que data de fins do século passado, é surpreendentemente atual. Ela menciona a irrupção do "Ovo do Mundo" *(ou Ovo Cósmico como é chamado pela cosmologia moderna)* como tendo origem num ponto, que hoje chamaríamos singularidade:

"Vê-se na primeira página um disco de brancura sem mácula, destacando-se sobre o fundo de um negro intenso. Na página seguinte aparece o mesmo disco, mas com um ponto negro no centro. O primeiro (sabem todos que se dedicam a estes estudos) representa o Cosmo na Eternidade, antes do despertar da Energia ainda em repouso, a emanação do Verbo em sistemas posteriores. O ponto no círculo, até então imaculado, Espaço e Eternidade em Pralaya, *indica a aurora da diferenciação. É o ponto dentro do Ovo do Mundo, o germe interno de onde se desenvolverá o Universo, o Todo,* ***o Cosmo infinito e periódico****; germe que é latente e ativo, revezando-se periodicamente os dois estados. O único círculo é a Unidade Divina, de onde tudo procede e para onde tudo retorna: sua circunferência, símbolo forçosamente limitado, porque limitada é a mente humana, indica a PRESENÇA abstrata e sempre incognoscível, e seu plano, a Alma Universal, embora os dois sejam Um. Sendo branca a superfície do disco e negro todo o fundo que o rodeia, isso mostra que esse plano é o único conhecimento, não obstante ainda obscuro e nebuloso, que ao homem é dado alcançar. No plano têm origem as manifestações manvantáricas, porque é naquela Alma que, durante o Pralaya, dorme o Pensamento Divino, no qual jaz oculto o plano de todas as cosmogonias e teogonias futuras. É a vida una, eterna, invisível – mas onipresente; sem princípio nem fim – mas periódica em suas manifestações regulares (em cujos intervalos reina o profundo mistério do Não-Ser); inconsciente – mas Consciência absoluta; incompreensível – mas a única realidade existente por si mesma; em suma, um Caos para os sentidos, um Cosmo para a razão. Seu*

atributo único e absoluto, que é Ele mesmo, o Movimento Eterno e incessante, é chamado, esotericamente, o Grande Alento, que é o movimento perpétuo do Universo, no sentido de Espaço sem limites e sempre presente. (A Doutrina Secreta, pp. 71/72, vol nº 1).

Aí estão formulados conceitos como Universos periódicos, despertar da Energia em repouso etc. Tais noções são incrivelmente parecidas com as utilizadas pela cosmologia moderna, sobretudo com as apresentadas com a teoria do *Big Bang*.

O ponto, ou a singularidade, que dá origem ao *Big Bang* deve ser entendida como contendo todas as possibilidades de fenômenos. Não só do Universo que conhecemos, mas de infinitos outros que não conhecemos e que devem existir em algum mundo paralelo. Com efeito, é de se perguntar por que o nosso Universo com sua história peculiar e particular foi a única possibilidade que se desenvolveu a partir daquele ponto inicial? Como tal singularidade não continha matéria, mas somente energia, não havendo ainda nem espaço nem tempo, as possibilidades não poderiam ser únicas, condicionadas estritamente pelo princípio de causalidade, ou seja, por apenas uma linha, mas por todas as linhas de possibilidades. Em outras palavras, a pura energia não daria nascimento a apenas um Universo, mas a infinitos outros, por que aí, no Nada, a causa é infinita, incondicionada, e por isso o efeito é infinito, ou seja, Tudo. Pode-se dizer, então, que toda possibilidade é uma realidade em algum Universo *(tudo que é possível é real)*.

Dizer que todas as possibilidades são reais – *ou existentes* – em algum mundo é afirmar que cada uma delas liga-se a uma consciência para a qual é real. Isso equivale a dizer, no final, que todas as sensações ou todas as formas de consciência sensitiva e intelectiva são atuais *(em algum mundo)*, desde os estados mais excelsos de regozijo emocional e espiritual até os estados mais sombrios que pudermos conceber *(de dor física e moral).*

Plotino e a teoria das processões

Plotino, filósofo neoplatônico nascido em Alexandria, Egito, em 205 D.C e falecido em 270, desenvolve nas *Enéadas* uma extraordinária explicação para o surgimento do Universo físico a partir da unidade absoluta *(o Uno)*, que, em processões *(ou derivações)* sucessivas, do mais elevado estado chega até o não-ser da matéria.

De acordo com ele, o Uno, fonte de tudo, de todo o Ser, está, todavia, para além do Ser, que por "ser alguma coisa" é limitado. O Uno consiste, se assim podemos falar, num meta-Ser *(que está até acima de Deus)*, porque transcende qualquer forma, limite ou determinação próprias de todo ser, que está no tempo e no espaço. Desse modo, ao passo que o ser é sempre alguma coisa, o Uno é infinita potencialidade daquilo que não é nada, mas pode ser tudo. Plenitude autocontemplativa, diz Plotino. E dessa contemplação, por uma superabundância, surgem as demais hipóstases: a Inteligência *(Nous)* ou espírito, a Alma do Mundo e, finalmente, a Natureza *(Physis)*.

Em uma linguagem metafórica, Plotino oferece-nos uma imagem de como vêm à existência essas várias hipóstases, ou estados e modos do Ser:

> *"Como do ... Uno, de um "uno" assim feito como nós asseveramos que é o Uno, vem à existência qualquer outra coisa – multiplicidade, ou díade ou número – ? Ou como, ao contrário, Ele não continuou em si mesmo, mas fez brotar uma multiplicidade tão difusa qual a que se descobre nos seres, a multiplicidade da qual, no entanto, nós postulamos que deva remontar a Ele?*
>
> *.... "Existe, sim, alguma coisa que poderia chamar-se um centro; em torno a este centro um*

círculo irradiando o esplendor que emana daquele centro; em torno a estes (centro e primeiro círculo) um segundo círculo; luz de luz!

"Que é propriamente (i. é, o Uno)? Potência de todos os seres a qual, se não existisse, não existiriam nem a totalidade dos seres e nem mesmo o Espírito – vida primeira e total. Mas, o que está acima da vida é causa da vida: já que não é a atividade da vida – isto é, a totalidade dos seres – que é em primeiro lugar; não, mas ela é exatamente como se brotasse de uma fonte. Pensa, com efeito, em uma fonte que não tenha outro princípio senão a si mesma e que, no entanto, de si mesma dê a todos os rios sem nunca deixar-se esgotar, mas em si permaneça tranqüilamente; pensa ainda nos rios que dela nascem, os quais, antes de correr separados daqui e dali, por um trecho ainda estão juntos; mas cada um sabe, por assim dizer, por onde se derramarão as suas correntes. Ou então, pensa numa árvore gigantesca: a sua vida a pervade inteiramente enquanto o seu princípio permanece imóvel e não se dispersou no todo, mas, por assim dizer, está solidamente fundado na raiz. Portanto, esse princípio fornece à árvore toda a sua vida nas sua multiplicidade; mas ele permanece imóvel em si, uma vez que não é múltiplo, mas somente princípio de uma vida multíplice." (in História da Filosofia Antiga, *Giovanni Reale, Vol. IV, pp. 452/458).*

O Uno está, assim, como dito acima, antes ou além do Ser. É sua fonte, é a potência infinita de onde surgem os entes na sua diversidade fragmentada e isolada. Como diz Plotino, o Uno *"é mais que ser, mais que essência, mais que existência, mais que Deus". "É tal que nada se pode predicar-se dele, nem o ser, nem a essência, nem a vida, porque está além de todas essas coisas"* (Enéadas, 8, 8).

No Uno, não havendo nem sujeito, nem objeto, não há consciência, nem conhecimento, como o entendemos. Nele, sujeito e objeto estão identificados, ainda não surgiram. A consciência é posterior, resultado de um árduo e tortuoso processo da alma multiplicada *(refletida)* na matéria, que desperta para si e se reconhece na Criação. Nesse sentido, pode-se dizer que a Criação é obra de uma vontade inteligente, ainda que não autoconsciente. Inteligente porque sabe fazer, mas não sabe que sabe. A consciência, a lucidez, é alcançada somente com o processo da existência na matéria, onde a sensação torna-se veículo para a agudização da consciência, de uma consciência separada que se vê e sente isolada do mundo. Uma analogia com a lâmpada. Quanto maior a resistência, se houver energia, maior será o brilho da lâmpada. Assim é o espírito. Quanto mais difícil o obstáculo a vencer – *a carne, com seus impulsos, seus limites e suas leis contrárias às do espírito* –, maior poderá ser seu brilho. Os obstáculos funcionam como resistências, que fortalecem o espírito, fazendo-o mais forte, mais expressivo, mais positivo e brilhante.

Para os filósofos medievais, *operari sequitur esse*. Em Plotino, ser e fazer, ser e agir, são o mesmo no Uno. Daí por que o fato de "ser" implica produzir, por processões sucessivas, como dito acima, várias cópias do Absoluto *(do Uno)*. Essas cópias vão gradativamente perdendo em completude e perfeição até o atingimento do mundo da pura forma sem substância, sem "ser", que é o Universo físico.

O Uno é, assim, nada que pode ser tudo, onde não há tempo nem espaço. O tempo é a "imagem móvel" da Eternidade. É imagem, porque na eternidade estão presentes todas as possibilidades em potência e idéias em estado de permanente atualidade. Mas não há contradição entre elas porque não há objetos que incorporem Idéias, mas, apenas, Idéias. No mundo físico, ao contrário, essas possibilidades se arranjam sucessivamente, causalmente ordenadas, para evitar a contradição entre atualidades contraditórias, posto que agora as idéias estão nas coisas; e nas coisas as idéias somente podem se suceder, e não ser ao mesmo tempo. Árvore e semente não podem ser ao mesmo tempo. Podem sê-lo no modo da Eternidade, conforme mencionou-se acima, onde não há tempo nem espaço. Mas onde há diferenciação física, individualização *(que pressupõe espaço e tempo)*, separação total entre as coisas, isso é impossível.

Para Plotino, o espírito é potência infinita, e por transbordamento produz outra realidade, menos completa e menos perfeita, que é a alma do mundo. Essa alma do mundo é a fonte das almas individuais, que se apegam aos sentidos e acabam por esquecer a fonte de onde promanam.

Plotino não menciona a idéia de um Demiurgo que cria o mundo (*de acordo com os modelos eternos das Idéias como fez Platão)*, mas é nesse sentido que podemos interpretar a alma do mundo e as "idéias-forças" do plano do espírito *(nous)*. É de suas formas, derivadas das idéias do espírito, que vêm à existência a natureza física, ou o cosmo físico, nele nascendo a subjetividade, a alma individual, por um processo de esfacelamento *(e isolamento)*, ou de *"des-integração"*.

Segundo Plotino, é lícito concluir que a queda na matéria é a busca da sensação, à qual implica uma intensificação da consciência. De um certo modo, é o desejo do sonho, daquilo que ainda não tem a realidade da sensação individual e eminentemente subjetiva, aquilo que ainda não tem vida, de tornar-se realidade. E realidade no sentido de intensidade do sentir; da dor e do prazer pontuais, que são apanágio do corpo e da alma individual, não da alma ou do espírito universais. As paixões, como bem aponta o filósofo, somente existem porque há um corpo, porque se quer o que é individual e separado e que tem um valor em si mesmo. Quer-se, enfim, a parte, não o todo, porque é naquela que reside a diferença, perseguida como um valor. Em outros termos, sem corpo não pode haver paixão, no sentido de sensação.

Por um tempo o espírito ama a diferença *(a matéria)*, porque é única e passageira *(está no tempo)*, ao passo que o Uno é comum, está em tudo, e é indiferenciado. Ele é simples, enquanto que a parte, o individual, é complexo e, por isso, mais rico. A parte, o eminentemente individual, o tempo, enfim, transforma, aglutina a simplicidade monocromática do Uno em multiplicidade, produzindo a diferença. A queda do espírito na Natureza *(no denso e resistente)* é a busca dessa diferença, ainda que nela se encontre a solidão do ser e a saudade de casa. A paixão é o anseio, o amor da parte pela parte, com esquecimento do Todo, da unidade *(identidade)* que há entre as partes. O Todo é necessariamente simples, posto que unifica o diverso pelo que esse diverso tem de comum com todo o diverso.

Mas, ao lado da paixão da matéria, da parte – *e muito acima dela, sob uma outra perspectiva que somente a experiência da efemeridade das coisas pode provocar na alma* – há também, ainda que escondida, a paixão da alma pelo todo, pelo simples, pelo eterno e pelo uno. Paixão, ou melhor, anelo espiritual, que é tão ou mais forte do que a outra tendência, e que eclode com a consciência da falsidade do mundo e do cansaço existencial do homem pela perfeita percepção do mundo como lugar do efêmero e do passageiro. O cansaço do eu separado e, diríamos com Hegel, o cansaço da vida da consciência alienada, da consciência infeliz, que ainda não realizou o Absoluto, a universalidade concreta na Natureza e na vida, mas tem a percepção de sua situação de isolamento e de ignorância.

A contemplação do Uno, o objetivo máximo que a alma pode alcançar, segundo Plotino, é, na verdade, a sensação do Uno. Uma sensação de unidade, identidade, simplicidade, beatitude inebriante, eterna e poderosa, profunda como o oceano e o céu sem fim, onde o tempo desaparece.

Vê-se que o pensamento de Plotino é exuberante e inspirado e ultrapassa, em termos de coerência e detalhamento, tudo o que se fez antes com referência à explicação da origem do Mundo. Sua cosmogênese é única no pensamento ocidental e oriental. É verdade que continua uma tradição – *a tradição platônica* – e que desenvolve pensamentos que lhe antecederam. Mas leva a cabo uma magistral e extraordinária síntese, que é mais do que aquilo que sintetiza, fecundando de idéias as épocas posteriores.

Recentemente o filósofo judeu Steinsaltz, em seu pequeno e magnífico livro *(A Rosa de Treze Pétalas, Maayanot, 1992)*, em uma brilhante interpretação das linhas mestras do pensamento místico da Cabala, diz que esse mundo é, também, fruto de uma queda. Uma queda deliberada – *e muito arriscada, à medida que a alma individual pode emaranhar-se problematicamente nas teias do mundo, perdendo a consciência de sua origem* – cujo objetivo é, por intermédio de um descenso, alcançar mais tarde uma elevação ainda maior do Ser e de sua expressão na existência. A alma atira-se, assim, no abismo do mundo, na escuridão da matéria, na dispersão das múltiplas sensações, a fim de estabelecer a base, a experiência e a energia para alcançar com isso o cume, um cimo mais alto de onde se precipitou. Talvez para conquistar preciosidades, como a autoconsciência, a subjetivação do eu, ainda não conhecidas de forma aguda e intensa como nesse universo dos sentidos.

Todavia, não há como negar que o preço dessa aventura do espírito é elevado. É indubitável que o mundo é cruel. Basta considerar a própria Natureza, onde impera o ciclo e, diríamos, o escândalo para a razão, da cadeia alimentar, onde a vida se mantém à custa da morte de outras vidas. De modo que, além da oportunidade de progresso que ela enseja, a vida, que pode ser fonte de prazer e alegria, é também dor, fome, frio, sede e medo, e, nesse sentido, um grande mal. Esse fato, talvez, justifique as palavras pronunciadas por Mefistófeles, num profundo diálogo com Fausto:

*"Sou o espírito que nega sempre; e com justiça, pois **tudo que existe merece ser destruído**, e seria melhor, portanto, se não existisse. Assim, tudo que chamais de pecado, destruição, em suma, o que se considera o mal, eis o meu elemento".*

Nesse caso Mefistófoles encarna a lucidez do espírito, que não aceita o abismo do mundo e empenha-se por destruí-lo. Ele é o espírito que nada contra a corrente, contra o fluxo e contra a idéia da Criação e tudo o que ela pode significar. Isso porque, a Criação é limite, efemeridade, o orgulho da luz que nasceu da escuridão do Nada e que a este quer substituir.

Mefistófeles simboliza também o tempo *(o aspecto destrutivo do tempo, posto que o tempo tem, também, um aspecto construtivo como fundamento da evolução)*, a potência destruidora que vê na Criação um mal. Ele é o aspecto do ilimitado, do pleno, que crê que a finitude e o limite não são dignos, mas constituem um verdadeiro mal, um engodo à plácida, plena e segura felicidade do espírito. Ele representa, no seio da ordem da Criação, o caos, o tempo que tudo destrói, enfim, a noite que combate a luz; a luz que surge do inefável, incompreensível e infinito da noite.

Kant e o problema da Criação

No século XVIII Kant tentou mostrar, em sua obra capital, a *Crítica da Razão Pura*, que a investigação sobre ter o Mundo uma origem no tempo ou não *(se foi criado em dado momento ou se existe desde sempre)*, se é finito ou infinito *(primeira antinomia da razão, no livro referido)*, conduz a conclusões paradoxais ou antinômicas. Conforme as premissas escolhidas – *ambas legítimas do ponto de vista do entendimento* –, duas conclusões antagônicas se apresentam. Esse resultado, segundo ele, estava de acordo com sua tese principal de que o mundo da nossa experiência é construído a partir das formas da sensibilidade – *o tempo e o espaço, que não têm, por isso, uma realidade independente do próprio sujeito pensante* – e dos conceitos do entendimento, as categorias puras, por meio das quais o conhecimento é organizado na consciência. Nesse sentido, podemos conhecer apenas aquilo que é passível de fazer parte de uma experiência possível, ou seja, de ser um fenômeno para a nossa sensibilidade. E como o Universo, como totalidade dos fenômenos, não é passível de ser objeto de uma intuição sensível, de ser uma experiência possível, nada podemos afirmar sobre ser ele finito ou infinito no espaço, ou se teve um começo *(uma causa)* no tempo. Aquilo que supostamente afeta nossa sensibilidade, sem excluir a possibilidade de nos auto-afetarmos, Kant denomina de Coisa em Si, da qual nada nos é permitido afirmar; é apenas uma referência teórica de nossas afecções. É como se os dados sensíveis, ao afetarem nossa sensibilidade, fossem, nesse mesmo momento, revestidos ou vestidos das formas espaço-temporais, para poderem ser pensados de acordo com os conceitos puros, *a priori,* do entendimento. Kant apenas afirma que há uma realidade em si da qual recebemos impressões. É o máximo que se permite dizer, na *Crítica da Razão Pura,* a respeito da existência de uma realidade externa fora da consciência. Afirmar, de igual maneira, que existe um Deus como causa do mundo ou que esse ser não existe porque o mundo não teve começo é também ilegítimo. Assim, tempo e espaço, ao invés de serem propriedades do mundo, são antes qualidades que o sujeito impõe aos dados sensíveis para tornar possível o conhecimento. Por isso, não teria sentido afirmar-se que o Universo tem ou não um começo no tempo, que foi criado ou existe desde sempre, que é ou não é infinito no espaço, porque espaço e tempo estão em nós. Nesse sentido, a idéia de tempo e de espaço não tem significado independente da consciência perceptiva.

Ocorre, no entanto, que o eu que pensa, esse eu que faz a *Crítica da Razão Pura*, não pode negar a si mesmo, sua realidade *(substancial)*, visto que o simples fato de pensar implica necessariamente sua existência. É o *cogito* cartesiano. Nesse sentido, deve-se postular ou a existência de um Deus criador *(que explique pelo menos o próprio eu que pensa)*, ou admitir-se o Nada como fundamento lógico e ontológico da possibilidade de todas as coisas.

6 – Conclusão – três teses sobre a existência

Primeira: A existência é resultado da potencialidade infinita do Nada *(Deus infinito)*, que, por não ser nada, pode ser tudo. Todas as possibilidades estão contidas nesse incondicionado Nada, visto que do incondicionado pode-se originar todo e qualquer condicionado.

Segunda: O que determina o trânsito da possibilidade à realidade, ou seja, àquilo que pode ser experienciado pela consciência *(e pela sensibilidade)* de seres vivos é a própria consciência. Assim, é a liberdade intrínseca da consciência que pode transformar aquilo que constitui mera possibilidade lógica em realidade*, seja realidade pensada, como mero conteúdo da consciência, seja realidade exterior, ou espaço-temporal.*

A moral como conceito surge, pois, toda vez que há a possibilidade real de sofrimento e dor. Um universo moral terá, então, sempre mecanismos refreadores de impulsos criativos que possam resultar em sofrimento de qualquer consciência, ou possuirá instrumentos de intervenção – *quando não é possível prever o resultado de determinado experimento criativo* – que solucionem ou impeçam a continuidade de um evento semelhante cada vez que ele ocorra.

Terceira: Toda existência é finita, embora os modos *(ou as possibilidades)* de existir sejam infinitos. Da mesma maneira, toda existência é, num certo sentido, ilimitada, visto que seus possíveis desdobramentos são também infinitos. Explicando de outro modo, o Universo é espacialmente finito, embora infinito em seus processos *(e possibilidades)*. Desta forma, o modo como o processo irá se desenvolver é sempre imprevisível, uma experiência. Assim, pode-se planejar o princípio e prever-se o fim de qualquer experimento criativo, mas não exaustivamente seu conteúdo. Nenhum ser possui tal capacidade, do contrário não haveria sentido na própria Criação. Desta, algo de novo deve surgir, algo que antes não existia, de forma a enriquecer o criador e proporcionar ao criado sua própria vida e existência.

❑ Capítulo II

Tempo e Espaço

Espaço e tempo são princípios fundamentais da existência fenomênica – *suas magnas estruturas* –, posto que todos os fenômenos são ocorrências tempo-espaciais. Até nossos pensamentos, sensações, sentimentos e volições ocorrem, pelo menos, no tempo de nossa consciência, com a possibilidade de existirem no espaço da imaginação. É o que acontece quando alguém, por exemplo, se recorda da casa onde morava *(a imaginação cria o espaço da visualização)*. Da mesma forma, as leis da Natureza, se não existem em um lugar específico do espaço, embora sejam responsáveis pela ordem dos fenômenos que nele tomam lugar, possuem uma existência *(ou um modo de expressão)* temporal. Ordenam de modo sucessivo e encadeado essa multiplicidade de fenômenos. Poderíamos dizer que estão na própria tessitura do espaço-tempo *(em seu campo de existência)*, como um programa, assim como a função de um órgão, e de todo o organismo, encontra-se não só em cada célula do corpo, mas em estado de atualidade nesse mesmo organismo, em seu campo morfogenético([1]).

O tempo é tanto o fundamento da realidade física como também o fundamento da própria consciência que a percebe, visto que os conteúdos desta *(consciência)* são sempre sucessivos. Um fluxo de percepções, pensamentos, emoções e sentimentos, assim como são sucessivos os fenômenos da realidade sensível.

Aristóteles dizia que o tempo constitui a medida do movimento. Este seria o tempo objetivo. Todavia, o tempo é também uma sensação, e, neste caso, possui um caráter subjetivo.

Essas duas faces do tempo, um tempo da consciência, do espírito e um tempo do mundo, da realidade externa, multiplicam a análise de um problema que, por si só, é já extremamente difícil. Com efeito, temos que distinguir um tempo físico – *um tempo quantidade* – de uma tempo psicológico, ou tempo qualidade.

No capítulo anterior, dissemos que no Nada, não havendo tempo, não há sucessão. Afirmamos, também, citando uma antiga fórmula da lógica clássica, que do Nada tudo pode resultar, que todas as possibilidades daí decorrem. O tempo objetivo seria, então, a sucessão ou atualização dessas possi-

---

([1]) Campos morfogenéticos, de acordo com Rupert Sheldrake *(biólogo e filósofo da Natureza, nascido na Inglaterra, em 1942)*, são *"semelhantes aos campos conhecidos pela física, no sentido de que corresponderiam a regiões invisíveis de influência, dotadas de propriedades holísticas, mas constituiriam um novo tipo de campo conhecido, desconhecido pela física. Estariam dentro dos organismos, e em torno deles, e conteriam dentro de si mesmos uma hierarquia aninhada de campos dentro de campos – campos de órgãos, campos de tecidos, campos de células. Como no caso da ciência do magnetismo e da eletricidade, na qual as almas foram substituídas por campos eletromagnéticos, no caso da biologia, graças a um passo comparável, as enteléquias foram substituídas por campos biológicos"* (*O Reflorescimento da Ciência e de Deus*, Cultrix, 1991, p. 114).

bilidades, *ad infinitum*, no plano da existência espacial *(onde há consciência e vida)*.

E assim como não podemos pensar a realidade sem a noção de movimento, de transformação e, por conseguinte, de sucessão, ou seja, sem o tempo, assim também não é possível pensar a consciência e seus conteúdos sucessivos senão no tempo.

Consciência e realidade são, pois, fenômenos do tempo, aspectos de uma mesma coisa. Daí porque os idealistas identificam, de certa forma, a existência real *(e aparentemente extramental)* como fruto da atividade dessa mesma consciência.

O espaço, por sua vez, pode ser pensado como um campo que recebe conteúdos, tal qual a consciência. Tanto uma como o outro podem ser comparados a receptáculos, aptos a ser preenchidos. Todavia, no domínio da consciência, o espaço, ou o vazio que recebe conteúdos, constitui um espaço, se assim podemos dizer, temporal, ou mais propriamente, um vazio inextenso que tudo pode conter, inclusive o espaço visual. Assim, quando imaginamos uma paisagem, recriamos o espaço em nossa consciência *(mente)*, embora seja um espaço eminentemente subjetivo e particular, cuja permanência em nossa consciência depende de um esforço de vontade, de atenção. O espaço extramental, aquele no qual nosso corpo se desloca, por seu turno, é um espaço intersubjetivo, permanente e independente. Note-se, contudo, que a consciência, em si mesma, prescinde do espaço *(este pode por ela ser criado ou recriado, mas não constitui seu pressuposto)*. Seu pressuposto *(como consciência finita e individual)* é o tempo, e seu conteúdo, uma representação, seja esta um pensamento ou uma sensação. E enquanto sensação, aparentemente depende de algo fora dela que a afete ou lhe forneça conteúdos. Em outras palavras, como consciência individual a sensação sempre supõe o espaço, uma realidade exterior à própria consciência, ainda que ela possa recriar o espaço para si.

Com efeito, mesmo que considerássemos que a sensação pode ser causada pelos conteúdos da própria consciência *(da memória – processo de auto-afetação)*, como uma lembrança, por exemplo, há que se considerar que os conteúdos da memória exigem o espaço como origem de tais conteúdos. Kant diria que necessitam da representação do espaço como forma da consciência sensível, visto que, em última instância, os dados sensíveis, e, por isso, os conteúdos de consciência têm origem ou início naquilo que está fora da interioridade da consciência, isto é, supostamente no espaço. Com mais razão ainda, a existência de mais de uma consciência tem como requisito indispensável o espaço, não necessariamente o espaço tridimensional, mas algo que torne diferente ou individualize a consciência com seus respectivos conteúdos, dando sentido ao conceito "fora" ou "exterior".

1 – O tempo e o espaço absolutos de Newton

Em Newton(2) tempo e espaço possuem uma natureza absoluta. São realidades independentes e objetivas. O espaço tridimensional constitui um vazio absoluto e infinito, *"um recipiente absoluto"*, que subsiste por si, no qual Deus criou o Universo, ao passo que o tempo, unidirecional e unidimensional, flui eterna e constantemente para frente. Passado, presente e futuro gozam de uma clara e precisa determinação, totalmente diferenciados uns dos outros, nessa linha infinita que avança sem cessar.

Newton extrai a prova de que o espaço é absoluto do fato da inércia. Constata a presença de forças inerciais que atuam sobre objetos acelerados e disso conclui que a inércia somente é possível em face de um referencial absoluto – o

(2) **Isaac Newton** *(1643 – 1727)*, físico e matemático inglês, foi a figura culminante da revolução científica do século XVII. Em ótica, seu descobrimento sobre a composição da luz integrou os fenômenos das cores na ciência da luz e estabeleceu o fundamento da moderna ótica. Em mecânica, sua três leis do movimento, princípios básicos da física moderna, resultaram na formulação da lei da gravitação universal. Em matemática foi o descobridor, independentemente de Leibniz, do cálculo infinitesimal.

espaço. Tal referencial, como pretendeu provar por meio de duas experiências *(do balde em rotação e dos dois globos)*, é o espaço absoluto.

Imaginem-se duas bolas maciças presas por uma corda. Se nos abstrairmos de todos os objetos circunstantes, somente poderemos dizer que o conjunto está em movimento se houver alguma tensão na referida corda. Segundo ele, a tensão na corda não pode ser explicada senão porque há uma referência absoluta, em relação à qual o conjunto das duas bolas, mais a corda, encontra-se em movimento, ou em alternância acelerada de posições. A aceleração *(que se traduz pela variação da velocidade no tempo)* exige "algo" parado que sirva de referencial estável. A inércia ou força inercial é precisamente o indício da presença de aceleração. No caso do experimento das bolas, a tensão na corda é resultado do movimento acelerado *(aceleração radial)*. Mas, se não existe nenhum objeto fixo e estável para servir de parâmetro para o movimento acelerado, enfim, para que o movimento e a aceleração possam ocorrer, segue-se que é o próprio espaço *(segundo Newton)*, como substância real, como entidade absoluta e existente, que constitui o verdadeiro referencial de qualquer movimento, tornando-o, portanto, possível.

Uma outra experiência é a do balde. Se girarmos com força um balde cheio de água, pendurado por uma corda, e o largarmos, notaremos que, enquanto a corda se desenrola girando o balde, a superfície da água, inicialmente lisa, vai aos poucos subindo pelas paredes do recipiente *(formando uma figura côncava)*, à medida que este comunica seu movimento ao líquido. Se pararmos o balde subitamente, a superfície da água em movimento ainda apresentará, por algum tempo, a mesma concavidade.

Para Newton, o líquido continuaria a rodar e apresentaria a forma côncava em relação ao espaço fixo. A água do balde teria um movimento absoluto em relação a um referencial absoluto – o espaço. Segundo o grande físico, isso ocorre porque "*os efeitos que distinguem os movimentos absolutos dos movimentos relativos são as forças de recessão a partir do eixo de um movimento circular".*

Mais tarde, tentou-se explicar, a fim de afastar a idéia polêmica de espaço absoluto, o movimento côncavo *(sinal da força inercial)* da água por um outro referencial: as estrelas fixas. A água saberia da presença distante das estrelas fixas, em relação às quais ela estaria em movimento, e apresentaria os efeitos próprios da inércia.

Busca-se saber como as distantes estrelas fixas poderiam influenciar o movimento dos objetos, a milhões de anos-luz de distância, aqui na Terra, a menos que se postulasse um holismo radical, em que todas as partes do Universo estariam conectadas instantaneamente entre si. Todavia, nesse caso, e com mais razão, a noção de espaço absoluto não poderia ser afastada, porquanto a influência holística instantânea requer como pressuposto o próprio espaço como realidade absoluta, e não relativa, dado que cada parte, cada ponto do espaço teria um lugar próprio, independente e, por isso, individualizado. O todo estaria nas partes, mas de modo diverso, conforme sua própria posição como parte no contexto do todo, de tal forma que cada parte seja diferente das demais.

É pertinente observar, ainda, que, se admitirmos como verdadeiro o postulado da teoria especial da relatividade, da constante "C" da velocidade da luz, então toda e qualquer relação causal no âmbito do Universo físico terá sempre, no máximo, essa mesma velocidade, o que conduz a uma série de paradoxos.

Do exposto, segue-se, a meu ver, que o espaço deve ser compreendido como realidade relativa a uma consciência ou mente universal, cósmica *(e nesse sentido órgão sensível ou mesmo consciência da divindade)*, e como realidade absoluta em relação a seus conteúdos, àquilo que preenche esse espaço. Nesse sentido, este consiste necessariamente em uma espécie de receptáculo, de estrutura que dá sentido, ordem e dimensão aos seus conteúdos, os fenômenos físicos.

a) O enigma da inércia

Outro questionamento, que se refere diretamente ao espaço, é o de como a inércia atua. Por exemplo, como é possível que uma bola de beisebol assimile a força ou a energia do braço do arremessador e a converta em movimento no espaço físico? Penso que a noção de campo é imprescindível para a compreensão de tal fenômeno, ou seja, de como o movimento é comunicado à bola. É preciso conceber a idéia de que a energia fornecida ao objeto é retida no campo de cada partícula atômica, configurando um campo particular do objeto físico macroscópico. O movimento no espaço seria, então, o resultado da conversão da energia *(chamada potencial)* em ação física. O "como" tal conversão ocorre constitui ainda um mistério. O outro passo consiste em saber como a energia do campo pode se expressar em movimento acelerado.

Pode-se supor que o campo retém a memória de posição e do sentido do impulso. Teria, dessa forma, uma "consciência", uma recordação de sua situação anterior, da situação de movimento e, finalmente, da posição final. E seria essa consciência, essa memória, que, à semelhança de um programa de computador, determinaria o comportamento da bola. Nesse caso, o campo poderia ser entendido como uma onda-piloto da bola que diria ao espaço por onde ela deveria passar.

Não se trata de uma volta ao animismo. É muito mais que isso. Trata-se de afirmar, como postulado fundamental da ciência, a natureza inteligível e consciente do mundo, seu estofo espiritual *(que necessariamente inclui a consciência)*.

2 – A irreversibilidade do tempo

Ilya Prigogine([3]) assinala, em seu livro *O Fim das Certezas*, que embora as fórmulas da física clássica e da física qu-

([3]) Físico-químico belga, nascido na Rússia *(1917)*, recebeu o Prêmio Nobel em química em 1977, por sua contribuição à teoria do desequilíbrio termodinâmico, especialmente à teoria das estruturas dissipativas.

ântica *(a gravitação de Newton e a equação Schrodinger, por exemplo)* impliquem a simetria do tempo, isto é, sua reversibilidade, desprezam um dado fundamental da realidade: a inegável e evidente irreversibilidade dos processos físicos e, em especial, o fenômeno da vida.

Segundo ele, os fatos do mundo revelam-nos que a realidade tem um sentido, o tempo possui uma seta que avança sem parar. Os fenômenos, os processos naturais, não são reversíveis. E tal fato se expressa claramente pela insuficiência do instrumental matemático para realizar o ideal do determinismo absoluto. Com efeito, existem sistemas integráveis e não-integráveis. Os primeiros – *que são raros e praticamente inexistentes na realidade* – são aqueles em que os seus elementos não interagem; sistemas nos quais os componentes têm trajetórias simples e jamais colidem entre si. Os segundos, a maioria dos sistemas naturais, são aqueles em que há interação entre seus elementos, provocando ressonâncias.

Henri Poincaré([4]) mostrou que, no caso destes últimos, torna-se impossível descrever, mediante o instrumental matemático, as trajetórias possíveis depois das primeiras colisões, sobretudo quando ocorre o fenômeno da ressonância. Em outros termos, as equações que pretendem descrever sistemas em que ocorram interações entre seus elementos são "não-integráveis". Toda vez que aparecem as chamadas ressonâncias de Poincaré, torna-se impossível predizer a condição do sistema depois de um certo tempo. O determinismo cede seu passo à probabilidade. Em tais circunstâncias, o tempo real é assimétrico, e não simétrico, conforme as descrições teóricas dos fenômenos naturais. Isso quer dizer que o fator "t" *(tempo)* nessa fórmulas pode, sem problemas, ter sinal positivo ou negativo. O primeira representa o futuro, o

([4]) **Julies-Henri Poincaré** *(1854 – 1912)*, matemático francês, astrônomo teórico e filósofo da ciência com contribuições relevantes para a cosmologia, a relatividade e a topologia, foi também um exímio divulgador da ciência ao grande público.

segundo, o passado. E, apesar disso, conforme mostram os fatos de nossa experiência, o tempo deve ser considerado irreversível e unidirecional.

Note-se que as leis naturais não têm ao mesmo tempo uma atuação simultânea e sucessiva, posto que influenciam simultaneamente os objetos durante um certo tempo. O seu aspecto simultâneo pressupõe o espaço *(visto englobar vários objetos ao mesmo tempo)*, e o sucessivo supõe o tempo. Daí dizer-se que são tanto espaciais como temporais. Em sua natureza temporal, promovem o trânsito do possível ao real. E nessa condição não as podemos ver mais como agentes de necessidades estritas no mundo, mas de probabilidades. Somente assim poder-se-á, como mostra Ilya Prigogine, explicar a flecha do tempo e da irreversibilidade de determinados sistemas, e, assim, dar conta da evolução e da existência da vida no Universo. Nesse sentido, diz o autor: *"Nenhuma formulação das leis da física que não leve em conta o papel construtivo do tempo poderá satisfazer nossa necessidade de compreender a Natureza"([5])*

Em tal perspectiva, as leis naturais, e nelas o tempo, constituem agentes promotores da irreversibilidade e, por conseguinte, da evolução. São responsáveis pelo aparecimento, no Universo, de estruturas organizadas que se orientam no sentido inverso ao da entropia *(que é a tendência à desorganização dos sistemas fechados)*.

3 – Podemos afirmar a realidade independente do espaço?

Para Kant tempo e espaço são formas da sensibilidade, ou seja, formas segundo as quais ordenamos e unimos as impressões que recebemos dos objetos ditos externos em nossa própria consciência *(mente)*. O espaço seria a forma do sentido externo, pelo qual *"nos representamos"* objetos como estando fora de nós mesmos, e o tempo, a forma do sentido

([5]) ob. cit., p. 58.

interno, mediante a qual o espírito contempla-se ou se percebe *(ou apreende seus múltiplos e sucessivos estados de consciência)* e por meio da qual os diversos estados interiores são representados segundo relações sucessivas.

Todavia, não se pode negar que os objetos ou fenômenos possuem suas qualidades e suas peculiaridades que independem, em parte, da consciência do sujeito cognoscente. Do contrário, seria sempre possível mudar a natureza do objeto por um ato de vontade consciente, o que não acontece. De sorte que, se por um lado, o conhecimento somente é conhecimento em referência a uma consciência, e nessa medida as coisas são como as percebemos segundo as formas de nossa sensibilidade, por outro lado tais coisas são como percebemos também em razão delas próprias *(a algo intrínseco nelas)*, e não em virtude de uma exclusiva atividade do sujeito. Há, sem dúvida, um fator imponderável, um resíduo inalcançável da coisa que determina a objetividade de sua apreensão, ou simplesmente de sua objetividade. Assim, por exemplo, a árvore que observo e analiso tem sua estrutura objetiva independentemente de minha consciência que a percebe, posto que não posso alterar a imagem da própria árvore a partir de minha consciência, por um ato de vontade. Algo independente dessa consciência faz com que a árvore que vejo seja de uma determinada forma e não de outra. A árvore tem uma permanência e uma aparência que, em parte, independem de meus processos subjetivos, perceptivos ou cognitivos. É algo que está aí e que possui uma estrutura macro e microscópica riquíssima, tão rica que eu sempre posso, progressivamente, ir desvendando-a, desvelando, com grande surpresa. É o que faz a técnica auxiliada pela ciência. Se tal conhecimento progressivo dependesse unicamente de minha consciência, não haveria surpresa, nem propriamente descoberta. Estaríamos num mundo "leibniziano" de mônadas holísticas, que, a partir de si mesmas *(por refletirem em si todo o Universo, o todo e todas as suas partes)*, poderiam alcançar o pleno conhecimento do Universo, descobrindo que as "verdades de fato" da experiência são, em essência, "verdades de razão" que residem, em graus diversos de expressão consciente, em toda e qualquer delas. Entretanto, o progresso do conhecimento *(ainda que dependa de conceitos provisórios, ou seja, de teorias que progridem também)* é uma prova irrefutável de que o objeto mantém em relação a mim uma transcendência que eu não posso alcançar ou esgotar completamente. Parece ser de uma riqueza inesgotável, riqueza, aqui, significando a linha indefinida e indeterminada do desconhecido que se prolonga a partir do e no objeto. E é precisamente essa transcendência, esse domínio inalcançável, essa essência abissal, que me faz afirmar – *com perdão do triplo pleonasmo* – a objetividade objetiva do objeto, isto é, a sua relativa independência da minha consciência cognoscente.

Nesse passo, pode-se sustentar que as qualidades intrínsecas de um objeto particular conservam sua transcendência objetiva em relação à nossa consciência porque estão no espaço, ou ocupam espaço. Em outros termos, somente são pelo espaço porque ocupam espaço. O espaço, assim, constitui o meio onde os fenômenos, com suas características (*incluindo-se, portanto, o tempo),* acontecem e são. Nesse sentido é algo perfeitamente objetivo, que independe da consciência individual para existir.

Podem-se imaginar, por exemplo, determinados processos químicos ou físicos no interior de nosso planeta que não são "vistos" ou percebidos por ninguém. E não há dúvida de que mesmo assim eles ocorrem, tanto que certas pedras – *como os diamantes* – são o resultado de tais processos, dos quais aparentemente nenhuma consciência participa como testemunha. Embora seja plausível conceber uma inteligência cósmica, universal, que seja a responsável pela ordem, estrutura e dinâmica do mundo e de todos os seus processos. Mas uma inteligência que não é testemunha atual de todos esses processos, apenas sua planejadora.

Observe-se que o que acabamos de dizer a respeito de um fenômeno ou de um objeto vale também para o conjunto de todos os fenômenos e objetos, a saber, o Universo. De modo que o mundo como totalidade também é objetivamente real.

E se o espaço transcende a consciência, embora seja a condição de qualquer objeto, sendo este aquilo que não podemos nunca alcançar, ou esgotar, em sua totalidade, o tempo é, por sua vez, imanente à consciência. Está do lado de cá e permite-nos perceber os objetos e fenômenos que estão no espaço. É esse o motivo de dizer-se, com Kant, que o tempo é a forma do sentido interno.

Do ponto de vista objetivo o tempo é somente a sucessão de fenômenos encadeados, de tal maneira que se pode caminhar para trás numa seqüência perfeitamente relacionada. Mas esse tempo objetivo somente pode ser percebido pela sucessão de estados que provoca na consciência, que é o tempo subjetivo. E é precisamente em virtude de uma síntese prévia, de acordo com determinados esquemas inatos de nossa estrutura perceptiva, que a sucessão das impressões em nossa consciência pode ser convertida na forma de um objeto de conhecimento: um copo, um elefante ou um avião. E mais, permite, também, apreender o mundo e seus fenômenos como um conjunto de fatos seqüenciais e encadeados causalmente.

4 – Tempo e espaço na Relatividade Geral

Na teoria da gravitação universal de Einstein, a gravidade é considerada uma deformação na curvatura do espaço-tempo na presença de matéria.

Todavia, tal idéia contém um problema. Considerar a gravidade como uma deformação do espaço na presença da matéria não resolve a questão de substituir a noção metafísica ou mágica de força *(como ação instantânea à distância, que era a postulação intrínseca da gravitação de Newton)* por uma explicação geométrica e física. Ora, para dizer que uma pedra cai em razão da deformação do espaço, numa certa região, tenho que pressupor que aquilo que a faz cair *(tanto é assim que outros corpos, na mesma posição, podem subir, a exemplo de um bola arremessada para cima, ou um foguete)* é, por sua vez, uma força. Nada implica nem lógica nem fisicamente que a existência de uma ladeira faça uma bola cair, a menos que se suponha haver uma força impelindo a bola para baixo *(a bola poderia continuar em linha reta).* Da mesma forma, não se pode inferir de modo lógico que uma deformação geométrica do espaço tenha o condão de desviar de sua direção um raio de luz ou um objeto físico. É preciso supor que tal deformação esteja aliada a uma força que faça com que tanto a luz quanto um objeto físico qualquer acompanhem ou "caiam" em direção à depressão ou à deformação mencionada. Ademais, mesmo considerando que todos os objetos já tenham determinada quantidade de movimento, que os faria seguir simplesmente as distorções do espaço, não se explica por que ao ingressassem numa distorção específica – *o campo da Terra por exemplo* – sofreriam a mesma aceleração, isto é, por que sua quantidade de movimento ou sua velocidade variaria naquela medida pelo simples fato de estarem numa ladeira. Tal aceleração pressupõe uma força. É por isso que o apelo ao conceito de deformação geométrica não explica tal fato.

5 – Tempo, espaço e metafísica

Isaac Newton não quis aprofundar e desenvolver o conceito de força, pois sabia das dificuldades para demonstrar e assimilar em sua teoria uma noção que é essencialmente metafísica, e que, além do mais, é tecnicamente desnecessária para os fins empíricos da própria teoria. Com efeito, a idéia de "força" não é empiricamente determinável, visto que não constitui objeto de experiência *(não constitui um "objeto" ou uma coisa percebida pelos sentido)*; é apenas postulada a partir do comportamento dos fenômenos. E, no caso da teoria da gravitação, seu sucesso empírico e sua coerência racional interna e proficuidade heurística, dispensam-na como problemática e desnecessária.

Todavia, no sistema de Newton, e de forma geral no caso de todas as teorias científicas, os conceitos metafísicos – *como o de força* – são básicos e fundamentais, sem os quais a própria ciência torna-se impossível. A simples idéia de que a Natureza seja racionalmente inteligível, e suas leis previsíveis e estáveis, é, já, uma postulação metafísica indispensável para toda e qualquer atividade científica. No caso de Newton, a noção metafísica de força, apesar de problemática, constitui uma postulação implícita básica.

Desse modo, se tais noções metafísicas não podem, elas próprias, ser objeto de um processo de demonstração, devem, no entanto, ser postuladas para, a partir delas, ser possível a compreensão do mundo e dos fenômenos. Basta citar, no caso da física quântica, os conceitos de força fraca, força eletromagnética, força forte *(ainda que o conceito de força, nesse domínio da ciência, seja entendido como resultante de troca de partículas de informação denominadas bósons)*, e supostas entidades físicas reais como o elétron, o neutrino e os quarks etc, que, na verdade, não são, nem podem ser objetos de uma experiência direta. Repita-se, constituem entidades postuladas que tornam uma teoria inteligível e operacional. Contudo, isso não significa que tais noções sejam destituídas de fundamento, legitimidade ou objetividade. Ao contrário, são absolutamente racionais e indispensáveis para o sucesso empírico de qualquer teoria.

Não é exatamente o caso do espaço e do tempo. Estes, considerados do ponto de vista objetivo e não subjetivo, não são em si mesmos realidades sensíveis, contudo, apesar disso, podem ser considerados realidades físicas. Com efeito, eu vejo no espaço, mas não vejo o espaço. Da mesma forma, eu sinto, penso, percebo os fenômenos externos no tempo, mas não vejo ou sinto o próprio tempo, somente seus conteúdos. Em outros termos, não possuo a experiência do espaço, mas no espaço, nem a experiência do tempo, mas no tempo. Nesse sentido, poderíamos dizer que ambos são entidades *transensíveis* e transcendentais, à medida que constituem a condição da existência de todos os fenômenos físicos e mentais;

dos fenômenos subjetivos e objetivos. De modo que, não sendo fenômenos, são a condição interna e externa de todos os fenômenos, e, portanto, da realidade sensível.

De fato, não se pode ter a experiência do espaço e do tempo simplesmente considerados. Ambos se determinam somente a partir de seus conteúdos: o espaço, por meio de objetos e fenômenos que aí ocorrem; o tempo, mediante os processos que duram uma certa medida. Não há, portanto, tempo ou espaço vazios. Assim considerados, não poderiam ser percebidos, porque a percepção sempre é de objetos, processos e acontecimentos, nunca das condições ou pressupostos transfísicos ou meta-sensíveis dos objetos e dos fenômenos.

Tempo e espaço são, pois, a condição meta-sensível de toda experiência, seja interna ou externa. Constituem realidades físicas que não são objeto da experiência. O intervalo que registro entre este copo em minha frente e o livro que leio é percebido em razão dos objetos, não pelo espaço em si. Repita-se. Embora o espaço seja físico, ele é meta-sensível, porque não pode ser percebido. Por isso, dizia Leibniz, que ele era a ordem das coisas simultâneas. Ordem porque antes de tudo, ele constitui uma relação entre coisas e fenômenos e entre estes e a consciência que registra.

E do mesmo modo que o espaço é a condição das coisas físicas, não sendo em si uma coisa, um objeto, o tempo também, não sendo uma coisa, ou um processo, é a condição de todos os processos físicos bem como dos processos subjetivos no interior da consciência, embora não se identifique com a consciência.

◆ ◆ ◆

Num sentido mais simples e descritivo, o tempo objetivo é a correlação entre duas séries de transformações; uma conhecida *(o relógio, por exemplo)* e outra desconhecida. Com a primeira, aferimos a medida da segunda, medindo o desconhecido pelo conhecido([6]). Esse é o tempo a que Aristóteles se referia quando dizia que era a medida do movimento.

Para Boltzmam o tempo objetivo é entendido essencialmente como troca de energia *(a melhor definição para sucessão de fenômenos é intercâmbio energético)*. É essa troca de energia, que resulta de um meio com entropia negativa, que origina toda e qualquer transformação, sem a qual não há, propriamente, tempo. Nesse sentido, há quem pense que a fórmula de Boltzmam aplica-se até mesmo a nossos processos biofísicos. E, se considerarmos o pensamento, a sensação, a consciência como eventos energéticos, inclusive aos estados subjetivos da consciência, ao tempo denominado subjetivo.

Observado em seu aspecto subjetivo, o tempo pressupõe a idéia de um eu que permanece num fluxo de sensações ou pensamentos. Quando estes últimos são desagradáveis e, de alguma forma, produzem algum desconforto, a sensação do tempo é intensificada ou alargada. Ao contrário das sensações prazerosas que nos distraem de nós mesmos e nos jogam sem resistências ao seu fluxo, como se o tempo não passasse ou não houvesse realidade.

◆ ◆ ◆

Do ponto de vista da existência física ou fenomênica, tempo e espaço constituem princípios de individuação, posto que são o fundamento da diferença e da individualidade de todas as coisas. No tempo, tudo vem a ser e tudo deixa de ser; por isso, podemos dizer que ele é a raiz do ser e do não ser, ou, nas palavras de Aristóteles, da geração e da corrupção das coisas. Por sua vez, o espaço implica diversidade de lugares que as coisas, por não serem idênticas, ocupam. Desse modo, tempo e espaço constituem os limites que definem a existência e a determinam, pois sem eles o Universo como o conhecemos não existiria. Entendidos como limite, são, tam-

([6]) Nesse caso há a pressuposição que o movimento dos ponteiros do relógio é sempre regular, que sua velocidade é sempre a mesma e nunca varia.

bém, a essência da imperfeição e do mal, visto que são resistências naturais aos anseios de plenitude e de eternidade intrínsecos à razão e ao espírito humano.

Outra questão que se coloca é a da recordação. Tudo o que recordamos está necessariamente no tempo, visto que possui uma certa duração, e muitas vezes também uma existência espacial. De modo que é lícito dizer que em cada representação, cada ocorrência *consciencial*, o tempo *(e eventualmente o espaço)* são recriados no interior de nossa consciência. De fato, quando nos recordamos de algo ou pensamos em algo, estamos criando uma realidade mental, ideal, que tem uma existência diferente das denominadas realidades intersubjetivas, exteriores ou supostamente objetivas. A existência desse Universo ideal é efêmera e dura apenas o tempo de nossa lembrança, embora possa ser recriado muitas vezes, quando, por exemplo, um mesmo acontecimento é recordado.

Tempo e evolução

Como vimos, o tempo constitui o princípio geral da evolução porque permite a sucessão das possibilidades meramente lógicas existentes na mente de Deus *(e das criaturas)* de se transformarem em realidades experimentadas pelos sentidos, em fenômenos no espaço e no tempo.

A evolução é dinamismo ascendente, por meio do qual velhas formas são destruídas e novas criadas, sempre na direção de uma melhor expressão, sensação, percepção e consciência do próprio princípio criador. É unicamente nesse caso que o espírito aprende e progride, desenvolvendo seu potencial em atualidade.

Pode-se dizer que o homem é a evolução tomando consciência de si própria e o tempo tomando consciência de si mesmo. Ele é a autoconsciência da vida e do tempo, termos estes que, em certo sentido, se identificam.

O tempo é o processo da vida. Sem ele não pode haver vida, percepção ou consciência. Ele implica uma sucessão de formas por meio das quais uma Idéia *(a Idéia cósmica),* ou qualquer idéia, se realiza e se expressa como realidade fenomenal. Esse é o tempo objetivo. O tempo subjetivo refere-se à interioridade da consciência individual, com a interpretação das realidades participadas ou intersubjetivas.

Tempo e liberdade

Já vimos que o efetivo exercício da liberdade somente é possível no tempo, mediante a escolha sucessiva das possibilidades de nossos conteúdos de consciência. Mas isso ocorre porque o pensamento, ou o conteúdo de nossa consciência, é constituído por um fluxo sucessivo, que por isso mesmo pressupõe o tempo, de representações. Mais adiante *(cap. III),* veremos que pensar é, de certa maneira, exercer a liberdade pela atribuição de predicados ao sujeito dos juízos *(todo enunciado cognitivo é um juízo mediante o qual afirma-se ou nega-se algo a respeito de alguma coisa).* Nesse sentido, em tese, podemos escolher o que pensar *(e o que fazer),* que juízos mentais ou verbais vamos emitir, dentro das circunstâncias lógicas e fáticas de nossa vida e de nosso pensar, ou seja, das condições internas *(da consciência)* e externas *(do mundo).*

Tempo, vontade e existência

De um outro ponto de vista, e considerando-se a experiência da vida na realidade tempo-espacial de nossa existência, o tempo é a resistência que a vida *(e a matéria)* oferece à realização do desejo e da vontade que a este impulsiona. Paradoxalmente, todavia, podemos dizer também que o mundo e o tempo vêm à existência por obra da vontade *(de uma vontade cósmica, ou pela participação de muitas vontades particulares).* Por isso é lícito afirmar que tal vontade cria o processo sucessivo da existência, que é o tempo, no espaço da Criação.

Com efeito, a vontade é sempre um impulso para alguma coisa; ela é um vácuo que quer se preencher de experiências e de significados. É o impulso *(e, nesse sentido, uma energia originária cuja fonte é o Nada)* que torna tudo possível; desde a Criação do Universo, até a realização das suas mais inverossímeis possibilidades. É a força que move o mundo, porque é seu estofo. O mundo é vontade vivificada na matéria.

Tempo(s)

O tempo possui várias dimensões. No nível atômico é uma realidade; no nível orgânico outra; e no nível cósmico ainda outra. Em cada um desses planos, a vida tem um objetivo, uma finalidade e uma forma de expressão.

Por outro lado, cada forma de percepção implica um tempo diferente e, como conseqüência, a apreensão de uma realidade diferente. O tempo de uma formiga não é o mesmo tempo de um homem ou de um elefante, assim como o tempo de um sol não é o mesmo que o tempo de uma galáxia.

Considerada sob o ponto de vista da experiência humana, a sensação do tempo é anulada pela atenção e nos faz penetrar na eternidade, porque a eternidade pode ser encontrada no momento, no átimo de nossa atenção. Uma consciência meditativa onde a sucessão de estados diferentes *(emoções, pensamentos, sensação)* fosse detida, entraria na dimensão da eternidade; o tempo desapareceria para ela. Haveria somente o presente.

Essa é a experiência humana da eternidade. Pode-se vivê-la, por paradoxal que pareça, durante alguns segundos ou durante um tempo sem fim.

Alice Bailey e o tempo

Alice A. Bailey declara, em seu livro *Los Rayos e Las Iniciaciones* (Ed. Kier, Buenos Aires, Argentina, 1981), que, do ponto de vista objetivo, o "tempo" é de natureza e manifestação cíclica, e sob a ótica subjetiva constitui a *resposta do cérebro a uma sucessão de estados de consciência ou acontecimentos (p. 570)*.

A vontade cria o tempo, a sucessão abstrata. Esta engendra um conteúdo. Uma é a vontade, outro o desejo, ou ideação cósmica, a persistência dinâmica da intenção.

Por seu turno, o espaço é entendido como campo onde os estados do "ser" são levados à etapa do reconhecimento. Espaço e substância são termos sinônimos; substância é o conjunto de vidas atômicas com as quais estão construídas todas as formas.

A autora afirma também que o mundo do homem é o mundo do significado, ao passo que o do iniciado – *aquele que atingiu uma espécie de transcendência e, portanto, possui uma consciência mais ampla que a nossa e um nível de integração mais intenso* – é o do "ser".

O indivíduo seria um ponto da divina vontade dinâmica logrando a consciência do "ser", pelo emprego da forma *(p. 99)*. Ele é vontade, o regedor do tempo e, com o tempo, o organizador do espaço. Tempo e espaço são joguetes divinos e podem utilizar-se ou não à vontade.

❑ *Capítulo III*

O Problema do Conhecimento

1 – Os sentidos

A sensibilidade é uma porta para aquilo que constitui, supostamente, uma realidade independente que a consciência, em virtude do seu caráter indeterminado e vazio, busca assimilar ou conhecer. Todavia, a consciência sempre está condicionada por uma estrutura de apreensão *(forma da sensibilidade)* e de entendimento *(formas de pensamento ou conhecimento.)* Assim, por exemplo, sabemos que aquilo que vemos por meio de nosso órgão visual é uma imagem invertida e reduzida do que essa imagem propriamente representa. Apesar de o prédio que está à minha frente ter mais de 20 metros de altura, sua imagem na retina não tem mais que alguns milímetros. Sei que ele possui aquela dimensão que lhe atribuo ou que percebo pelo aprendizado empírico, natural e compartilhado com os outros sentidos, sobretudo o tato ([1]). Aos poucos acostumamo-nos a relacioná-las aos movimentos e estes à distância e assim, empiricamente, apreendemos a interpretar as suas nuances e caraterísticas como correspondendo a distâncias determinadas que o nosso corpo pode percorrer. Por exemplo, para um observador cuja natureza da percepção fosse diversa, funcionando em um tempo diferente, o objeto lhe apareceria com outro aspecto. Isso porque é a natureza da relação entre objeto e sujeito que define as características do objeto e determina a forma do conhecimento.

De modo que quando abstraímos da forma de percepção não podemos dizer o que é a coisa independentemente de nossa subjetividade, ou seja, do modo pelo qual somos por ela afetados. Uma cadeira abstraída de nossa sensibilidade, o que seria? Em primeiro lugar, percebemos essa cadeira como estando no espaço e no tempo. Aí ela ganha uma

---

([1]) Podemos pensar, também, que o que interpretamos visualmente como espaço corresponda apenas à presença das coisas simultâneas que não são nós mesmos. Um outro ser que não possuísse forma *a priori* do espaço talvez percebesse as coisas como uma infinidade de vibrações energéticas diferenciadas e puntuais. O mundo estaria reduzido, em tal caso, a um ponto sem dimensões. Perceberia apenas padrões diferenciados de energia em mudança. Não haveria percepção do espaço. As coisas não se confundiriam, para ele, porque o conjunto de suas vibrações estaria perfeitamente determinado.
Nossa sensibilidade e nossa consciência, todavia, criam, ou projetam, o espaço sobre esses padrões diferenciados de vibrações, formando um mundo espacialmente arranjado. Assim, é certo atribuir às nossas sensações algo objetivo que as produz, mas nunca poderemos dizer o que é, em si, esse algo, porque isso sempre dependeria de uma sensibilidade que teria necessariamente suas formas subjetivas de percepção e que pertenceriam exclusivamente a si, e não ao objeto que as produz.

forma determinada, e só o faz devido à nossa intrínseca maneira de perceber. Para um vírus ela não teria propriamente uma figura, mas uma extensão praticamente infinita *(seria um espaço infinito, como o Universo é para nós)*. Assim, o que para um ser é um objeto de conhecimento, como uma mesa, para outro é um Universo. Daí a conclusão de que o objeto é sempre objeto para um sujeito, não tendo sentido falar das "características" ou qualidades intrínsecas de um objeto em si mesmo.

2 – A consciência

a) O eu-testemunha da consciência

Quando voltamos nossa atenção para a própria consciência e tentamos unicamente percebê-la, constatamos que ela é pura percepção *(a Razão é uma função que a ela se agrega, assim como a Vontade)*. Em outros termos, quando me autopercebo, constato que *"o que percebo em mim"* é uma testemunha além dos próprios conteúdos da consciência. Vejo que não sou o corpo com suas afecções, nem as emoções, nem mesmo os pensamentos. Sou alguma coisa por trás disso; sou aquela unidade em face da qual existem tais conteúdos; uma presença presente, um eu perceptivo, uma unidade que registra, que vive. O que resta ao final desse processo é uma sensação de indeterminação, de vacuidade de ser ou de significado, mas, também, por outro lado, curiosamente, de intensa concretude e densidade. A consciência, nesse caso, torna-se a um só tempo transparente e concreta. A testemunha que ela é ilumina tudo, revela-se, individualizando-se de forma universal: eu sou tudo; tudo é eu. Em tal momento, os conceitos, as idéias, a memória pessoal, enfim, os possíveis conteúdos da consciência, desaparecem momentaneamente.

Mas qual a verdadeira natureza da consciência? Talvez a melhor definição, ainda que por analogia, seja "vazio".

O fato é que ela não pode ser objeto de conhecimento porque é irredutivelmente sujeito *(a condição de toda experiência)*. A única coisa que podemos saber é o que ela torna possível. Dizermos que constitui um receptáculo de conteúdos não explica muita coisa. Descrevemos suas funções, mas não podemos compreender sua possibilidade. Apenas sentimos o que é estar e ser consciente.

Em outros termos, a consciência não pode ser um possível objeto de conhecimento, pois não é passível de ser percebida pelos sentidos, apenas apreciada, em sua atividade, por si mesma. Constitui o núcleo sensível de qualquer representação, seja esta uma sensação, uma percepção, um pensamento ou uma emoção. Sua possibilidade, sua realidade, está para além do próprio conhecimento discursivo, descritivo, embora seja a própria raiz da realidade, visto que é a possibilidade de qualquer coisa, uma vez que permite a percepção e a conscientização. Enfim, por não ser "alguma coisa", torna possível todas as coisas, à medida que estas só são quando percebidas. Nesse sentido, ela é um nada *(que torna tudo possível)*; e como nada, uma unidade, um absoluto.

É precisamente esse vazio, esse nada, essa incompletude, essa carência de conteúdo, a origem da angústia da existência e, em última instância, a mola propulsora da ação do homem no mundo; da construção da cultura *(que cria significados e dá sentido à existência)* e da civilização. As outras carências que o movem, a fome, a sede, e demais necessidades, são meros reflexos desta carência maior que é a carência de ser; ser completo.

A vontade é uma manifestação concreta, como impulso vital, no psiquismo, desse vazio. Nesse sentido, consciência e vontade estão indissoluvelmente ligadas. Para agir, e desejar agir, é necessário estar consciente ou perceptivo do que nos falta. A vontade encontra seu fundamento primeiro aí; ela é persecução de um fim, de atingimento, de preenchimento, de satisfação de uma necessidade. Qualquer realização, seja uma satisfação que se busca, uma construção, aquisição, modificação ou alteração do ambiente físico circunstante são modalidades de fins que a vontade objetiva, e simbolizam, analogicamente, um preenchimento que a consciência persegue. Portanto, toda ação, todo ato humano, é sempre provocado, desencadeado, pelo vazio, pelo nada, pela carência básica do ser. Somente nessa perspectiva, as doutrinas da evolução, do progresso, podem ter sentido: o sentido da evolução é precisamente progredir do vácuo e vago para o completo e determinado; migrar do carente de sentido para o pleno de sentido e significação. É a via que leva do nada *(determinado)* ao ser *(alguma coisa)*.

3 – O conhecimento

a) Descartes e o problema do conhecimento

No século XVII, Descartes([2]), inconformado com o estado caótico das ciências de seu tempo, com a variedade de opiniões, muitas delas em franco desacordo entre si, tenta conceber um método que lhe permita encontrar um ponto de apoio seguro – *ao mesmo tempo que põe em suspensão todos os conhecimentos anteriores pelo procedimento da dúvida metódica* – para erigir um sistema de conhecimento baseado em verdades evidentes e indubitáveis. Dirige seu espírito aos fundamentos do saber, pretendendo fundar uma nova filosofia que servisse de base a não mais uma ciência da opinião, mas a uma ciência da verdade. E não podendo confiar em opiniões tão opostas *(e uma vez que não havia nenhuma demonstração confiável a respeito das teorias que pretendiam explicar a natureza das coisas)*, resolve por si mesmo e, a partir da interioridade de sua consciência, chegar ao conhecimento de todas as coisas que estivessem ao alcance do seu espírito.

([2]) **René Descartes** *(1596 – 1650)* é conhecido como o pai da filosofia moderna. Matemático, filósofo e cientista, ele foi um dos primeiros a opor-se ao aristotelismo escolástico.

Inspirado no modelo matemático, adota certas regras de procedimento epistemológico que lhe irão servir para alcançar as verdades e rejeitar os erros. Essas regras estariam fundamentadas em quatro preceitos básicos:

1) *jamais acolher alguma coisa como verdadeira que eu não reconheça evidentemente como tal;*
2) *dividir cada uma das dificuldades que eu examinar em tantas parcelas quantas forem possíveis e necessárias para melhor resolvê-las;*
3) *conduzir por ordem meus pensamentos, começando pelos objetos mais simples e mais fáceis de conhecer, para subir, pouco a pouco, como por degraus, até o conhecimento dos objetos mais complexos, e supondo mesmo uma ordem entre os que não se precedem naturalmente uns dos outros;*
4) *fazer em toda parte enumerações tão completas e revisões tão gerais que eu tenha a certeza de nada omitir.*

Armado com tais preceitos, propõe-se a rejeitar tudo aquilo em que pudesse identificar a menor razão de dúvida. Busca verificar se seria possível, mesmo no exagero da dúvida *(a dúvida hiperbólica),* encontrar algo que se lhe resistisse e constituísse o fundamento sobre o qual pudesse criar um novo conhecimento e uma nova ciência. E é no seio da própria dúvida que irá descobrir uma evidência e certeza inabaláveis, pois *"enquanto eu queria assim pensar que tudo era falso, cumpria necessariamente que eu, que pensava, fosse alguma coisa"* (DM, 66). Assim, embora o filósofo pudesse duvidar de tudo, até, em princípio, da existência do próprio mundo exterior, que poderia ser uma espécie de sonho que um gênio maligno inculcasse em sua mente, não podia duvidar, todavia, da própria existência. De fato, se duvido, eu penso, e se penso, existo. Pois não se pode pensar sem existir. Logo, a afirmação *"penso, logo existo"* é uma verdade evidente e inabalável, da qual não se pode duvidar.

É esta evidência intuitiva da própria existência, contemplada simultaneamente com o pensamento, que irá constituir o primeiro fundamento ou princípio de sua filosofia, recuperando com ela o mundo e as verdades que foram destruída, ou colocadas em dúvida, pelo procedimento da dúvida metódica.

Contudo, não será possível, unicamente pela evidência do **cogito**, efetuar essa tarefa. Uma vez que rejeitou o testemunho dos sentidos como parâmetro e guia do conhecimento – *"já que os sentidos muitas vezes nos enganam"* –, tem de partir da interioridade da própria consciência para chegar ao conhecimento da realidade exterior. Mas de que modo se pode afirmar a realidade do mundo exterior partindo da própria consciência? Como escapar da realidade interna, dos conteúdos da própria consciência, para asseverar algo a respeito da existência de uma realidade que não está na mente, uma realidade supostamente exterior, extra-mental? Em outras palavras, como demonstrar que o mundo que o sujeito vê e contempla é real e verdadeiro, e não apenas assim pensado em virtude de uma mera impressão de exterioridade que os conteúdos da consciência nos causam, visto que é dado imediatamente à mente é apenas uma imagem?

Precisamente nesse ponto o apelo à existência de Deus, e à veracidade divina, vão se constituir no segundo fundamento de seu sistema, ao lado da clareza e da distinção das idéias *(obtidas com o **cogito**)*. Deus vai ser o elemento necessário, o elo indispensável, do ponto de vista epistemológico, para afirmar a veracidade e a objetividade do conhecimento, ou seja, o que vai garantir a passagem das idéias ao mundo que elas supostamente representam.

Descartes intenta provar a existência de Deus servindo-se, para isso, tão somente dos dados que sua própria consciência pode lhe oferecer, a fim de evitar qualquer possibilidade de erro ou de dúvida. Ao fazer uma inspeção do espírito, encontra a idéia clara e distinta de um ser soberanamente perfeito e infinito. E, visto que esta idéia não poderia advir de algo imperfeito e finito, como o homem, é forçoso concluir que deve ter sido colocada em nós por um ser perfeito e infinito, exterior à nossa natureza pensante ou à nossa alma, que é puro pensamento sem extensão. Apela-se para o princípio de que não pode haver mais realidade no efeito do que na causa. Sendo ou considerando em nós a idéia de um ser perfeito um efeito, é mister afirmar uma causa perfeita que a tenha ocasionado, dado que somos imperfeitos e incapazes de causar ou produzir por nós mesmos a idéia clara de algo perfeito e infinito.

Descartes vale-se, ainda, da noção de que não podemos pensar em alguma coisa sem pensar, também, sua essência. Na essência de ser perfeito está incluída a existência, assim como na essência de triângulo está incluído o fato de seus três ângulos serem iguais a dois retos ou a 180 graus. Para ele a existência constitui uma perfeição que não poderia faltar à essência de um ser perfeito, pois se tal ser não existisse, não seria perfeito. Logo, diz o filósofo, se há em mim a idéia de um ser perfeito, segue-se que esse ser existe necessariamente.

O problema, aí, é que há uma passagem da ordem ideal à ordem real, sem que haja qualquer fundamento, a não ser a própria idéia ou o pensamento. Como mostrou Kant mais tarde, a existência não é um predicado ou uma qualidade essencial que se pode atribuir a um sujeito, mas é um fato, uma condição da própria coisa e, nesse sentido, é puramente contingente. Para Kant, nada garante que a idéia de ser perfeito que Descartes encontra em seu espírito tenha somente uma existência ideal na própria mente e nada mais. Além disso, pode-se objetar a Descartes que ninguém, ou muitos poucos, possui em seu espírito a idéia clara e distinta de um ser pessoal, perfeito e infinito. O que ocorre nesse caso, a meu ver, é uma confusão entre infinito e indefinido, pois o infinito nos escapa, está além de nosso entendimento. Na verdade, o que possuímos é uma idéia vaga de ilimitação que o pensamento da seqüência numérica nos sugere. Quando pensamos em uma seqüência de números – *os números naturais, por exemplo* – somos incapazes de imaginar o último da série e dizemos, então, que a seqüência é infinita porque não alcançamos seu fim, pois este progride sem cessar. Da mesma forma, quando olhamos o céu estrelado não conseguimos alcançar o seu limite, o seu fim, e dizemos que é infinito. Ambas as idéias de infinito têm mais uma característica negativa do que positiva, posto que tal decorrem de uma indefinição ou incapacidade de nossa imaginação. O in-finito, nos casos citados, é aquilo que não é finito. O conceito de infinito parece derivar da negação de finito. Assim, é mais verossímil dizer que a idéia de infinito, ou de ser infinito, ao invés de uma noção inata em nosso espírito, é uma conseqüência da nossa forma limitada de pensar e de perceber, que supõem o tempo e o espaço na sua incompletude. De maneira que a própria mediação entre a interioridade da consciência e a realidade externa pode ser questionada, por inexistir uma prova lógica segura da existência de Deus, prova esta que garanta a veracidade das idéias claras e distintas de objetos, fora da nossa própria consciência.

Por esse motivo a filosofia de Descartes vai se constituir, ironicamente, num certo sentido, em mais uma opinião no meio daquelas tantas opiniões que almejava superar e ultrapassar. Todavia, por outro lado, ela estabelece um marco na história da filosofia e do pensamento ocidental. A análise do processo do conhecimento, a separação entre mente e corpo ou entre consciência e realidade constituirão elementos que se instalarão de forma definitiva no pensamento moderno.

É possível vislumbrar, de seu legado filosófico, dois caminhos que marcarão de forma indelével os séculos vindouros e que podem ser considerados como duas vertentes principais que dimanam da mesma fonte: de um lado, o positivismo *(e o mecanicismo nas ciências físicas e biológicas)* e, de outro, o idealismo. Ambos estão contidos em germe dentro da filosofia cartesiana. A atitude de partir do próprio espírito para daí deduzir a natureza da realidade vai ser a marca do idealismo, e a atitude de partir das coisas, dos fatos, para explicar o conhecimento e as idéias, caracterizará o empirismo moderno.

O erro: assimetria entre a inteligência e a vontade (a quarta meditação)

Como o erro constitui um fato de nossa experiência, sua existência deve ser explicada pela análise das faculdades do homem e do uso que delas ele faz.

Para Descartes, o homem possui, além de uma idéia real de um ser soberanamente perfeito, uma certa idéia negativa do nada, daquilo que está distante da perfeição. Isso ocorre porque o ser humano é um meio entre Deus e o Nada, ou entre o ser e o não-ser. Por tal razão, por participar tanto do ser quanto do não-ser, ele está exposto a uma infinidade de enganos. De modo que o erro não se origina em Deus, mas é fruto da carência ou incompletude ontológica do próprio homem – *que não é igual a Deus, que é soberano Ser* –, enquanto participante do não-ser. Acresce, ainda, que o poder que Deus nos doou para discernir o verdadeiro do falso – *o nosso entendimento* –, ainda que perfeito em seus limites, não é infinito. Todavia, não há dúvida de que Deus quer sempre o melhor para nós, e só pode ter criado de tal maneira que jamais pudéssemos nos enganar.

Descartes pergunta-se, então, por que Deus não fez o homem perfeito e incapaz de errar? E responde que a Criação seria mais perfeita se algumas partes do Universo não fossem isentas de imperfeição, ao invés de serem todas semelhantes, como se daria se os homens fossem perfeitos. No entanto, Deus deixou em nosso poder o discernimento para jamais formular juízos a respeito das coisas que concebemos confusamente. Toda concepção ou idéia clara e distinta, por analogia com o *cogito*, é algo de real e positivo, e tem Deus como seu autor, o que significa que a formulação de um juízo sobre uma tal idéia sempre será verdadeiro, pois a veracidade divina assim o garante.

Nosso entendimento não afirma ou nega coisa alguma; sua função é apenas a de conceber idéias e produzir representações de coisas, que podem ser objeto de juízos. Nesse caso, não há no entendimento nenhum erro. Todavia, ao lado de um entendimento finito *(um poder de compreensão limitado*[3]*)*, confinado dentro de limites definidos, temos uma vontade vaga, extensa e ilimitada, que é infinita, à medida que tem o poder absoluto do "sim" e do "não"; de afirmar ou negar os conteúdos de nossa consciência. Seu caráter absoluto de negar ou afirmar as idéias que o entendimento concebe exerce-se sem coação exterior e assinala, de forma efetiva, nossa liberdade. Portanto, para Descartes nem o poder da vontade considerado em si mesmo, nem o poder do entendimento, são causas de nossos erros. Todavia, a vontade, por ser indiferente no tocante às coisas que o entendimento desconhece *(ou concebe confusamente),* freqüentemente se engana quando pronuncia aquilo que o entendimento desconhece ou não conhece com clareza e distinção.

Apesar dessa diferença entre vontade e entendimento, a luz natural nos ensina, para evitar o erro, que o conhecimento deve sempre preceder a determinação da vontade, de maneira que o erro só poderá advir do mau uso ou do uso excessivo de nossa livre vontade. Enfim, a privação, que é a única razão formal do erro, encontra-se na operação do juízo e não no poder de conhecer e de julgar que Deus nos concedeu. Por isso é em nós imperfeição o fato de não usarmos a liberdade da vontade corretamente – *dentro dos limites naturais do entendimento* – e de emitir temerariamente juízos sobre coisas que concebemos de forma obscura e confusa.

Conclusão

Pode-se perceber que toda filosofia cartesiana está fundamentada na idéia da existência de Deus, posto que é a

---

([3]) No homem, o entendimento pode ser considerado potencialmente infinito, mas em Deus ele é infinito em ato.

veracidade divina que garante a relação entre os vários estamentos deste mesmo sistema, a relação entre as idéias ou imagens que estão na alma *(ou na mente)* e a realidade das coisas fora da consciência. Em outras palavras, a veracidade divina assegura a mediação entre a substância pensante e a substância extensa. Sem ela o conhecimento do mundo não seria possível, porque não poderíamos saber se esse conhecimento não seria uma simples fantasia incutida em nossas mentes por um gênio maligno.

Mas é justamente o apelo à existência de Deus a fraqueza da filosofia cartesiana, pois, ao questionarmos o fundamento de sua prova, atingimos o sistema em sua base. A existência não pode ser considerada uma qualidade das coisas, mas apenas um fato, uma condição delas. Ademais, se tomarmos a existência como uma limitação, uma vez que o que existe é uma restrição de algo pleno, à medida que constitui uma determinação, poderíamos construir uma prova da inexistência de Deus *(entendido como ser existente e perfeito)*, que teria o mesmo valor lógico que a prova cartesiana.

Premissa: *Deus é um ser perfeito, ilimitado e infinito.*

Premissa: *A existência é, por definição, limitação e, portanto, imperfeita.*

Conclusão: *Logo, se Deus é ilimitado, perfeito e infinito, Ele não existe.*

Por outro lado, mesmo que se admita, de fato, a existência de Deus, a separação entre as substâncias – *a substância suprema (Deus), a substância pensante (o homem) e a substância extensa (a matéria)* – parece criar um problema de difícil solução. Se há, como entende Descartes, uma radical diferença e separação entre elas, como então o homem poderia conhecer a matéria, sendo radicalmente diferente dela? Seria necessário apelar para a idéia de harmonia preestabelecida entre o que ocorre na mente dos homens e na substância extensa, harmonia esta garantida por Deus. Contudo, nesse caso, a substância material fora da mente do homem seria totalmente dispensável; bastaria que Deus colocasse na mente dos homens apenas a imagem de um mundo exterior, sem precisar criá-lo.

No capítulo VI, encontraremos raciocínios muito mais consistentes para se provar a existência de Deus, ainda que a lógica formal seja por demais limitada para tal objetivo. Na verdade, a existência de Deus não pode ser de fato "demonstrada", mas unicamente experienciada como uma presença constante e eterna no mais íntimo de nosso ser.

b) O mundo como construção do sujeito pensante – uma abordagem da **Crítica da Razão Pura** *de Kant (1724 – 1804)*

Como Descartes fez ver *(e esse é seu grande mérito)*, a certeza mais imediata que possuímos é a de nossos próprios conteúdos de consciência, que apenas nos põem diante uma impressão de exterioridade. Não temos como demonstrar, mediante um procedimento estritamente lógico, a existência do mundo exterior fora da consciência e, portanto, a validade objetiva dos conceitos empíricos que formamos como resultado da chamada experiência sensível. O mundo exterior é matéria de fato *(fato da consciência sensível)*, não de teoria ou de demonstração formal. A realidade exterior é um axioma do próprio conhecimento e, por definição, indemonstrável. Unicamente o que se pode "demonstrar" é o acordo do conhecimento com ele mesmo *(a coerência lógica interna de um sistema de conhecimentos ou proposições)*.

A resposta de Kant diante do desafio de explicar como seria possível uma ciência empírica rigorosa, como a física newtoniana, foi propor a existência de uma lógica transcendental, mediante a qual a objetividade do conhecimento é entendida a partir de princípios constitutivos da própria mente *(pela estrutura interna do sujeito cognoscente)* e do influxo de dados sensíveis que a afetam. Tais princípios assegurariam a universalidade, a necessidade e a objetividade do conhecimento, o que explicaria a possibilidade da ciência. Em outras palavras, a realidade *(a existência exterior)* seria o resultado da combinação entre aquilo que afeta nossos sentidos *(os dados sensíveis, que vêm supostamente de fora da mente)* e a organização desses dados empreendida pela consciência, por meio das formas *a priori* da sensibilidade, o tempo e o espaço, e dos conceitos puros de objetos em geral *(as categorias),* que fazem parte da própria estrutura da mente humana.

Kant parece afirmar que existem duas instâncias nesse processo de construção da experiência e do conhecimento: a construção da aparência sensível na sensibilidade, isto é, do dado sensível cru, da aparição do fenômeno na consciência, fenômeno este ainda não problematizado e nem pensado, e a subseção desse fenômeno mediante juízos, momento no qual a aparência é referida a uma consciência em geral, tornando-se propriamente um objeto de conhecimento. A cada uma dessas instâncias corresponderia um momento lógico que podemos caracterizar de o momento da "consciência sensível" e o da "consciência reflexiva" ou judicante, respectivamente. Na primeira, há apenas a aparição de uma coisa no espaço e no tempo *(na consciência sensível),* na segunda, tal aparência é subsumida por conceitos, ou seja, pensada mediante juízos *(numa consciência cognitiva ou reflexiva).* Os animais teriam uma consciência sensível *(percepções),* mas somente o homem teria a faculdade discursiva dos conceitos, isto é, a capacidade de pensar emitindo juízos, afirmando ou negando qualidades às coisas percebidas.

Assim, para Kant o princípio da objetividade do conhecimento, isto é, da possibilidade da verdade empírica, radica no próprio sujeito e não no objeto, embora este seja a fonte da "matéria" do conhecimento. Seja fonte daquilo que irá ser revestido pelas formas do espaço e do tempo, como um fenômeno pensável pelo Entendimento *(considerado como a faculdade subjetiva dos conceitos)* que contêm *a priori* conceitos puros para pensar o que se oferece à nossa percepção.

Essa aparição ou apresentação na sensibilidade *(uma percepção)* possui uma relativa objetividade, à medida que a coisa que surge na intuição é tomada espontaneamente como tendo realidade objetiva, embora isso não chegue a ser um pensamento; constitui uma espécie de certeza sensível, de crença objetiva. É essa a razão pela qual os animais podem aprender até certo ponto com a experiência sensível.

A consciência reflexiva ou judicante, ao pensar tal aparência, integra-a numa rede de conceitos, dando-lhe, assim, um significado inteligível e objetivo *(intersubjetivo)*. Nela pensa-se o que há de universal e necessário no fenômeno, por referência a uma consciência também universal, que Kant denomina de "consciência em geral", ou seja, uma consciência despida das particularidades de uma consciência empírica, individual. Por isso ele declara, ao referir-se aos juízos, que *"não significa a validade objetiva do juízo de experiência nada além da validade universal e necessária do mesmo" (Prolegômenos, A 78)*. Assim, por exemplo, quando formulamos o juízo diante de um dado fenômeno: "Este corpo é pesado", ou uma proposição mais geral como *"Todos os corpos são pesados"*, os conceitos "peso" e "corpo" são pensados em relação a qualquer sujeito *(uma consciência em geral)*, valendo, portanto, em todo tempo e em todo espaço *(daí sua validade universal e necessária)*.

Kant faz notar também que tanto a aparência sensível quanto o objeto de conhecimento estão submetidos à unidade da percepção (*um nome para a autoconsciência, ou a consciência do sujeito que conhece)*, que é a condição necessária tanto da unidade dessa aparência *(como fenômeno)* na consciência sensível quanto da do objeto, momento no qual tal aparência é pensada por meio de conceitos. Assim, a aparência sensível ao ser pensada, ou seja, subsumida por conceitos nos juízos *(conceitos estes que são as condições ou funções objetivas e universais do entendimento – categorias –, modos de predicação a priori)*, é referida a uma consciência reflexiva da aparência, como "objeto" para um "eu" ou um "sujeito" cognoscente. Nesse sentido, *"quando nos é dado um fenômeno, somos ainda completamente livres para julgar a coisa a partir dele, como quisermos" (Prolegômenos, A 65).* A segunda etapa, no entanto, é o momento lógico em que aquela aparência sensível será referida a uma consciência em geral, a um sujeito cognoscente e transformada em uma consciência de objeto. É precisamente quando a experiência e o conhecimento objetivo têm nascimento.

Para resumir, diríamos que, na construção do fenômeno que aparece na sensibilidade, o conceito puro *(categoria)* está envolvido como uma regra de síntese *(que se efetua no tempo)*, e na construção do objeto de conhecimento, esse mesmo conceito torna possível a atividade predicativa. O conceito é a consciência do que há de "objetivo" *(universal para outras consciências)* na percepção. Tal consciência de objeto envolve, necessariamente, uma atitude perante o fenômeno sensível, que implica um juízo *(ou muitos juízos – o corpo é amarelo, redondo, pesado etc)* que o caracteriza como um objeto de conhecimento. É nesse sentido, então, que a unidade implícita no conceito *(que é um modo da unidade necessária da consciência)* determina tanto a unidade dos fenômenos *(na intuição)* como a unidade dos conceitos nos juízos.

Sentido interno e tempo

De acordo com as conclusões da Estética Transcendental (o primeiro capítulo da *Crítica da Razão Pura)* o tempo *"é uma representação necessária que serve de fundamento a todas as intuições"* (B 46). As relações de sucessão e simultaneidade, por exemplo, são percebidas unicamente porque possuímos a representação *a priori* de tempo, e os objetos fenomênicos se nos apresentam como tais porque nos é inerente *(a priori)* a representação do espaço. Pensar o fenômeno, abstraído de como nos aparece *(a coisa-em-si-mesma),* é pensá-lo como fonte independente da sensação que provoca em nós e, portanto, fora da única maneira que possuímos para percebê-lo *(ou representá-lo)* e conhecê-lo.

Embora tempo e espaço sejam formas da sensibilidade, mediante as quais os objetos nos aparecem, Kant afirma a primazia do tempo sobre o espaço, porque todas as representações([4]), sejam internas ou externas *(de pensamentos, sentimentos, ou de objetos extramentais)*, por serem conteúdos de consciência, são necessariamente temporais *(conteúdos sucessivos)*. Quer dizer, a consciência é sempre consciência temporal, à medida que é a percepção de um fluxo de sensações, um fluxo que somente é possível no tempo ou que constitui o próprio tempo *(interno)*.

Assim,

> *"...visto que todas as representações, quer tenham por objeto coisas exteriores ou não, pertencem sempre em si mesmas, enquanto determinação do espírito, a um estado interior, e como esse estado interior está sujeito à condição formal da intuição interna, pertencendo assim ao tempo, o tempo é uma condição* a priori *de todos os fenômenos em geral: condição imediata dos fenômenos internos (de nossa alma) e, por isso mesmo, condição mediata dos fenômenos externos" (B 50).*

Nesse sentido, a simples consciência da sucessão, da simultaneidade, da duração dos fenômenos e demais formas do tempo são somente percepções, enquanto que o pensamento da sucessão como sucessão, da simultaneidade como simultaneidade etc, envolve, como já vimos, um outro nível da consciência, uma consciência judicativa *(conceitual ou reflexiva)*, porque somente possível mediante juízos *(mentais ou verbais)* e que dá a tais percepções um significado objetivo.

([4]) Designação geral de todos os estados e conteúdos da consciência enquanto por ela apreendidos e nela presentes *(Logos, Verbo, Vol. 4, p. 716)*

Dedução transcendental dos conceitos puros do entendimento

No capítulo referente à dedução transcendental das categorias, onde o conceito de apercepção *(como unidade necessária da consciência)* será introduzido, Kant espera demonstrar o uso de conceitos puros *(a priori)* a partir de uma "dedução" *(cujo significado toma emprestado à linguagem jurídica, no sentido de uma exposição da legitimidade de uma pretensão)*, para mostrar quais são os princípios fundamentais e as condições necessárias que possibilitam o conhecimento objetivo, ou seja, mediante os quais pensamos as coisas que nos são dadas na sensibilidade. Como diz ele,

> *"...não bastam as provas da experiência para legitimar a sua aplicação; é preciso saber como podem reportar a objetos que não são extraídos da experiência. Dou o nome de **"dedução transcendental" à explicação do modo pelo qual esses conceitos se podem referir*** **a priori** ***a esses objetos...****"(B 117)*

Importa precisar os limites da aplicação dos conceitos puros, mostrando o campo de seu uso válido e legítimo *(objetivo), como condições necessárias e* a priori *da possibilidade da experiência (B 124)*. Este campo é o dos fenômenos.

Em outras palavras, a dedução transcendental é a tentativa de demonstração de que os objetos da experiência estão relacionados a certas formas *a priori* do pensamento, que lhes dão um caráter sistemático, necessário e universal: as categorias *(conceito que toma emprestado de Aristóteles, para quem as categorias eram formas de predicação do ser mediante juízos)*. Para tanto, tais categorias devem conter em si uma consciência unitária, sem a qual nenhum conhecimento pode ser referido *(ou dito pertencer)* a um único e mesmo sujeito *(um eu pensante)*, nem se referir a um mesmo objeto fora desse sujeito *(diríamos que as categorias seriam formas da consciência de objetos).* Tal unidade é uma condição lógica e necessária do conhecimento e, nessa medida, também da percepção. Além de ser um pressuposto de qualquer conhecimento, é, também, um fato de consciência apreendido diretamente mediante uma intuição. A essa intuição ou representação Kant dará o nome de representação "eu penso", evidência fatual direta da consciência, pela qual a mente apreende sua própria unidade e identidade no fluxo incessante de representações *(sensações, percepções, pensamentos etc).*

O "eu penso" e a autoconsciência

Kant coloca o fato da consciência *(a autoconsciência)* no ápice de seu sistema([5]), assim como Descartes. Porém, ao contrário deste, para o qual o conhecimento mais seguro e claro é desse eu pensante *(sendo os objetos externos de menor dignidade objetiva, e somente garantidos ou derivados a partir da idéia de Deus),* afirma que o eu aparece a si – *e assim é conhecido* – unicamente como fenômeno *(no tempo ou no sentido interno),* e que "o eu penso" é apenas uma representação *(um pensamento, um ato de conscientização)* mediante a qual nos é dada a existência da própria consciência (B 158), o que não constitui ainda um conhecimento([6]). Por vezes Kant denomina essa representação de apercepção

---

([5]) Com efeito, Kant parte dessa consciência como algo dado, sem a pretensão de explicá-la. Qualquer tentativa de fazê-lo, de dar conta dessa dimensão afectiva-sintetizante da consciência conduz a um reducionismo, como no caso dos neokantianos, a exemplo de E. Cassirer, que atribui à consciência pura (à apercepção pura), a essa função lógica de síntese, apenas uma realidade ou existência lógica e formal. Como se isso bastasse para explicar a consciência. Esta é justamente aquilo que escapa à explicação, ao entendimento, como uma realidade fatual já dada, axioma de todo o conhecimento.

([6]) O eu não pode ser objeto de intuição; é apenas pensado como ente substancial, embora se possa ter *(e de fato se tem)* uma apreensão imediata da unidade da consciência. A ela ou a essa operação Descartes denominou de "eu penso". Sobre ela afirma Kant: "existo como uma inteligência simplesmente consciente de sua faculdade de síntese..." (B 159).

originária([7]), que, por ser originária, *"é una e idêntica em toda consciência, e não pode ser acompanhada por nenhuma outra"*. Com efeito, para ele,

> *"O eu penso deve poder acompanhar todas as minhas representações; se assim não fosse, algo se apresentaria em mim que não poderia, de modo algum, ser pensado; é o mesmo que dizer que a representação ou seria impossível ou pelo menos nada seria para mim" (B 132).*

Em outras palavras, o "eu penso" é aquela representação que posso vincular a todo conteúdo de consciência para denominar tal conteúdo de "meu". É assim que ao objeto, ou à aparência sensível que percebo *(e que é um conteúdo da consciência)*, é conferida uma unidade, pela referência a um eu pensante unitário e permanente no fluxo das representações.

Assim, para o filósofo, o "eu penso" não é senão a representação *(fato da consciência)* que corresponde à consciência da própria existência como eu pensante, como inteligência consciente da sua capacidade *unificante*. A existência é dada por essa intuição imediata, mas o modo pelo qual nos devemos determinar a nós mesmos, isto é, por em nós o múltiplo que nos pertence, ainda não está dado. São os dados sensíveis, por meio da sensibilidade *(nossa capacidade afectiva, capacidade de sermos afetados)*, que fornecem a matéria para essa determinação.

A consciência objetiva *(consciência de um objeto), ou a própria percepção,* implica, pois, sempre a diferença do eu, de um lado, e do objeto, de outro, como entidades distintas e complementares do conhecimento. Por isso, o ato de conhecimento pode ser chamado de ato de conscientização, por

---

([7]) A apercepção, enquanto faculdade sintética originária, é, como afirma Kant, o princípio supremo de nosso entendimento e, também, de nossa razão. Pois sendo princípio de síntese, fundamenta igualmente todos os atos da mente, tanto os da sensibilidade como os do entendimento.

meio do qual tem lugar a consciência do sujeito, de um lado, e do objeto, de outro.

Juízo e objeto

Sabemos que o múltiplo sensível, ao se apresentar à intuição, torna-se conteúdo da consciência e aí é unificado como um fenômeno. É unicamente ao fixar a atenção nele e tentar apreender as relações que mantém com outros fenômenos, as leis a que está submetido, que se opera uma síntese desse múltiplo em uma única consciência autoconsciente na forma de um conceito de um objeto, ou numa "consciência de objeto". Isso somente pode ser conseguido com o juízo, ou proposição mental, que é a operação de referir as representações dadas na intuição à unidade da apercepção *(ou à unidade da consciência autoconsciente)*; ou de unir dois conceitos ou duas cognições em uma só consciência. Por isso Kant afirma que:

> *"Há duas condições pelas quais o conhecimento de um objeto é possível: a primeira é a intuição, pela qual é dado o objeto, mas só como fenômeno; a segunda é o conceito, pelo qual é pensado como objeto que corresponde a essa intuição" (B 125).*

Assim, a possibilidade da experiência está relacionada com o julgar em geral, pois somente com os juízos é que se obterá uma afirmação das condições gerais da experiência, surgindo o conhecimento objetivo. A esse respeito, quando trata dos juízos de experiência nos Prolegômenos, Kant assevera:

> *"Conhecemos o objeto por meio deste juízo pela conexão universalmente válida e necessária das percepções dadas, e, como este é o caso de todos os objetos dos sentidos, então os juízos de*

experiência tiram sua validade objetiva não do conhecimento imediato do objeto, mas apenas da condição de validade universal dos juízos empíricos, a qual repousa nunca sobre condições empíricas, nem em geral sobre condições sensíveis, mas sob um conceito do entendimento puro" (Prol., A 79/0).

Ou na Crítica([8]):

"Os conceitos fundam-se, pois, sobre a espontaneidade do pensamento, tal como as intuições sensíveis sobre a receptividade das impressões. O entendimento não pode fazer outro uso destes conceitos a não ser, por seu intermédio, formular juízos. Como nenhuma representação, exceto a intuição, refere-se imediatamente ao objeto, um conceito nunca é referido imediatamente a um objeto, mas a qualquer outra representação. O juízo é, pois, o conhecimento mediato de um objeto, portanto a representação de uma representação desse objeto" (B 93). "Podemos, contudo, reduzir a juízos todas as ações do entendimento, de tal modo que o entendimento em geral pode ser representado por uma faculdade de julgar. Porque, consoante ficou dito, é uma capacidade de pensar. Ora, pensar é conhecer por conceitos" (B 94).

Em suma, Kant quer mostrar que a condição necessária da experiência objetiva, que é a experiência de objetos empíricos, repousa na idéia de que todo conhecimento de objetos é resultante de uma consciência judicante, cujas formas são

---

([8]) "A quantidade é a determinação que só pode ser concebida por um juízo de quantidade; a realidade é aquela que só pode ser pensada por um juízo afirmativo..." (A 245/6, nota).

determinadas pelas categorias. Ou seja, a subsunção de um objeto enquanto "objeto" só pode se dar mediante uma proposição mental *(mesmo que não seja clara)*, e não por uma simples consciência da aparência sensível *(pela percepção)*. Decorre daí que "perceber objetos" e "pensá-los enquanto tais" são duas operações distintas *(mas complementares)* do processo do conhecimento.

Entretanto, quando Kant afirma que *"categorias são conceitos que prescrevem leis a priori às aparências"* (B 163), não quer dizer com isso que essas leis resultam do uso de conceitos em juízos explícitos, verbais, mas refere-se às funções de síntese que estes conceitos *(puros)* incorporam em si, responsáveis pela síntese das intuições numa percepção, que podem ser pensadas como determinadas por leis. Para citar um exemplo do próprio Kant, quando percebo o congelamento da água, apreendo uma sucessão de impressões numa relação de tempo que estão unidas sinteticamente de forma determinada (B 162). Essa determinação, abstraída do tempo, é a categoria pura de causa. Tal percepção é uma consciência de estados sucessivos sintetizados conforme uma regra, o que implica a consciência de uma síntese necessária de intuições([9]). No entanto, para se ter essa percepção não é preciso um "pensar" no sentido de formular um juízo explícito e autoconsciente *(Kant identifica juízo e pensamento, Prol. A 88)*. É preciso "pensar" no sentido de se ter a consciência objetiva do que acontece. E embora Kant assevere, em B 247/8, que a percepção de um evento como o mencionado acima implica

---

([9]) A esse propósito é esclarecedora a seguinte passagem da "segunda analogia": *"Todavia, se se tratar de uma síntese da apreensão (do múltiplo de um fenômeno dado), então a ordem é determinada no objeto, ou, para falar mais precisamente, na apreensão há uma ordem da síntese sucessiva que determina um objeto e segundo a qual algo tem necessariamente que preceder, de modo que se este é posto, a outra tem necessariamente que se seguir. Portanto, se a minha percepção deve conter o conhecimento de um evento, a saber, de algo que realmente acontece, então, precisa ser um juízo empírico no qual se pensa que a sucessão seja determinada, isto é, que tal evento pressuponha, segundo o tempo, um outro fenômeno ao qual segue necessariamente ou segundo uma regra" (B 247).*

um juízo empírico no qual se pensa a sucessão como determinada objetivamente *(de acordo com uma regra)*, julgo acertado concluir que tal juízo não é necessariamente uma proposição verbal, mas mental; é uma consciência objetiva que inclui em si uma proposição mental.

Assim, por exemplo, o cair de uma maçã é visto tanto por mim quanto por Kafka, meu cão. Ambos temos provavelmente percepções semelhantes; ambos sintetizamos uma multiplicidade sensível numa aparência unificada *(em relação a uma mesma consciência)* em movimento – a maçã caindo. A diferença é que posso pensar a respeito, usando conceitos que subsumem tal percepção concreta numa consciência em geral, ao passo que Kafka é incapaz de fazer o mesmo. Para mim, essa aparição constitui um objeto de conhecimento, à medida que lhe posso atribuir uma série de predicados objetivos *(a maçã é arredondada, vermelha)*. Para meu cão, no entanto, nunca passará de uma aparência, de uma "coisa" que acontece.

Kant e a transcendência da razão

Em Kant o vocábulo "transcendental" refere-se ao modo ou à maneira de conhecer *a priori* os objetos do conhecimento. Nesse sentido, teria legitimamente um uso apenas imanente *(empírico)*, e não transcendente *(metafísico)*, visto que se deve referir sempre aos objetos da experiência, ou seja, aos fenômenos dados na sensibilidade.

Para o filósofo, um princípio transcendente pretende ultrapassar o domínio da experiência, aplicando-se não a fenômenos, porém ilegitimamente a coisas-em-si. Todavia, é fácil perceber que a própria *Crítica da Razão Pura* supõe um uso transcendente de nosso entendimento. Isso porque se refere ou pretende ser ***um tratado sobre a natureza da razão enquanto realidade em si***, razão não como um objeto da experiência ou um fenômeno sensível, mas como coisa-em-si mesma, que se dá a conhecer pela consciência. Com efeito, o funcionamento e as estruturas da razão, do entendimento e da sensibilidade que a Crítica expõe como uma "verdade" não são objeto da intuição pura ou empírica. São apenas deduzidos a partir da experiência interna da consciência. Não obstante, dizem respeito ao nosso entendimento e nossa sensibilidade, não enquanto faculdades "fenomênicas", mas como entendimento, sensibilidade e "razão" consideradas em suas realidades em-si, como realidades além do fenômeno *(metafísicas ou transcendentes)* e que tornam possível o próprio conhecimento dos fenômenos. Está-se falando, enfim, da estrutura real, lógica e formal de nossa razão, da razão humana. Nesse sentido, a afirmação kantiana de que somente nos conhecemos como fenômeno, mas não como noúmeno, é equivocada. Embora Kant não mencione esse fato, é evidente que o termo "razão" deve ser tratado como nôumeno, não como fenômeno intuível.

Dir-se-á que as leis e a estrutura de nossa inteligência são deduzidas da experiência interna e, portanto, compatíveis com as conclusões da *Crítica da Razão Pura*. No entanto, não se deve esquecer que uma das conclusões mais importantes do trabalho de Kant é a de que a razão é incompetente para conhecer o mundo das coisas-em-si, naturalmente incluído o "eu" ou a consciência, cuja estrutura e modo de funcionamento são expostos ao longo de sua tratado. Ademais, ao usar *"deduzir a partir da experiência interna"* o funcionamento de algo real, ela o faz aplicando as mesmas regras da razão que pretende provar, caindo numa petição de princípio.

Em outras palavras, o que Kant faz o tempo todo na *Crítica da Razão Pura* é pura Metafísica *(mesmo que, por equívoco, pretenda demonstrar a impossibilidade da Metafísica como ciência)*, disfarçada em exercício de lógica formal. Ora, o próprio exercício da razão, e da lógica, pressupõe, por essa mesma lógica, algo que seja seu fundamento *(uma matéria, uma faculdade radicada na alma)*, pois a lógica é pura forma, destituída de qualquer conteúdo. A motivação que leva avante uma crítica da razão, enquanto vontade, motivo, não é somente lógica, é conteúdo, é consciência, é ser, ou seja, coisa-em-si *(a vontade se dá a conhecer diretamente, não como mero fenômeno psicológico, mas como realidade em si mesma)*. De modo que é lícito dizer *(admitindo-se que a Crítica da Razão Pura seja uma teoria verdadeira)* que a consciência sabe de si; que o eu se conhece *(ou pode conhecer)* não apenas como fenômeno, como modificação do sentido interno, mas verdadeiramente como sua estrutura real, independentemente da própria experiência *(mas que a condiciona, daí sua natureza transcendental e também transcendente)*, ainda que aparentemente tal conhecimento se inicie com esta última.

Todavia, essa notória incoerência não retira o grande mérito da Crítica, mas impõe a necessidade de repensar algumas de suas conclusões, como, por exemplo, a idéia de que não se pode, pelo próprio pensamento ou pela própria razão, alcançar a verdade a respeito da realidade, pelo menos a respeito da consciência ou do sujeito pensante, enquanto uma alma ou substância real.

4 – Ciência e Filosofia

A filosofia é uma disciplina que visa a explicitar, o melhor possível, o progresso da autoconsciência *(em direção ao transcendente)* do homem – porque o homem não é apenas natureza; ele é criador de novas naturezas, e, nesse sentido, transcende sua própria condição original.

A filosofia não é uma arte técnica, uma "poética" *(no sentido de Aristóteles)*. É, ao contrário, um processo consciencial, integrador e desvelador. Por isso, é a compreensão *(visão de mundo)* que nela deve predominar, não o mero conhecimento técnico. Este caracteriza-se pela análise, pela separação das partes e, em última instância, abstrai *(e, num certo sentido, mata)* o vivido, o significado e o valor existencial da realidade. A filosofia busca a síntese, a integração, a vida do todo. Persegue, enfim, a compreensão da existência pela *"organização do vivido como sistema global de significa-*

dos" (Por um Conhecimento Filosófico, Gilles-Gaston Granger, p. 214).

A filosofia desse final de século, no entanto, deslumbrada e ofuscada pela efetividade positiva da ciência e da técnica, sofre um esvaziamento de seu histórico sentido *(que é a busca do Ser e de sua compreensão)*, inclinando-se – *e alienando-se de si mesma* – para uma espécie de filosofia da linguagem, que quer reduzir a especulação filosófica e a necessidade metafísica a uma simples análise lógica e semântica da linguagem e dos significados. Esqueceu o problema fundamental com que se depara a razão e a consciência do homem existente: o significado da vida e a valoração do vivido. Esse é o problema fundamental, e não podemos aplicar a ele, nem exigir para ele, a mesma disciplina e o mesmo método das ciências, posto que a questão do Ser não é um problema matemático, quantitativo. Não se pode adotar, por isso, em relação ao seu estudo, o paradigma científico.

A ciência busca a explicação, a quantificação e a descrição dos fenômenos na forma de leis e de regularidades. Explicar implica encontrar regularidades no comportamento dos fenômenos. O âmago dos fatos, o seu porquê, no entanto, permanece intocado. Todavia, quando avançamos um pouco mais na especulação e perguntamos sobre o que é, como é possível uma lei da Natureza, ou a razão pela qual a própria Natureza se comporta de acordo com regularidades matemáticas, entramos diretamente na esfera da filosofia, ou, mais exatamente, da metafísica. Buscamos uma entendimento para o que não é fenômeno, uma explicação que já não pode ser uma mera descrição *(e que é um fundamento metafísico da realidade)*. Buscamos uma compreensão. Nesse sentido, transcendemos o mero fenômeno, para atingir o seu sentido e o seu valor. Em outras palavras, estamos formulando uma pergunta cuja resposta não pode ser dada nos mesmos termos dos da ciência.

No entanto, a inquirição não é destituída de sentido. Na verdade, ela é rica de sentido e, portanto, sua possível resposta é mais densa, mais plena e completa que as respostas científicas.

Alguém poderá objetar que ao aprofundarmos a especulação dessa maneira, estaremos adentrando não a filosofia, mas a teologia. Diremos que nesse nível, a filosofia se confunde com a teologia, ou seja, a busca do sentido último das coisas é, de fato, uma busca religiosa, que persegue a unidade total. Com efeito, a teologia, como disciplina pura, é uma etapa mais aprofundada da filosofia, pois deixa de ser uma mera inquirição a respeito dos entes para ser um busca do ser em geral, e do último ou primeiro ser, o ser absoluto, que é o fundamento de toda a realidade.

A ciência fornece a técnica e melhora a qualidade de vida do homem, proporcionando-lhe conforto. Atende, portanto, sua demanda física. A filosofia, e também a teologia, busca atender ao anseio humano não de conforto físico, ou mesmo emocional, mas de significação *(conforto espiritual, racional)*; a necessidade de compreender a existência e dar um sentido a ela.

5 – Questões últimas

Toda questão do tipo «o que é a matéria» é uma questão última porque envolve uma indagação sobre o ser em geral. A explicação dada em termos da ciência atual constitui apenas descrições ou definições que se relacionam a outros conceitos problemáticos ou que se auto-implicam. O «o que é» tem como questão última, de fundo, o significado do «é», ou seja, do ser enquanto tal, ou do ser em si, do que é o ser. De um questionamento de natureza científica caímos, sem sentir, numa indagação essencialmente metafísica, abstrata. Por isso, toda explicação científica recorre a descrições, basicamente geométricas, que, na verdade, não explicam, mas apenas descrevem. Em outros termos, a explicação científica constitui sempre uma descrição.

Todavia, há um ponto em tal procedimento que deve ser superado por outro método ou procedimento de cognição:

é o ponto onde as observações são impossíveis, onde a experiência é impossível, ou como diria Kant, onde o que se pretende conhecer está para além da possibilidade de constar de uma experiência possível, por tratar-se de uma totalidade. É exatamente um conhecimento com as características da totalidade o que se refere, por exemplo, ao surgimento do Universo *(ao próprio Universo como totalidade dos fenômenos materiais e energéticos)* ou a Deus. Teorias como a do *Big Bang* sempre serão "hipóteses" que não poderão ser confirmadas diretamente. Talvez esse seja o ponto em que a ciência, a filosofia e a religião se encontrem e devam fundir-se, a fim de darem lugar a um tipo superior de compreensão, que migre da experiência externa para a interna. Problemas como as questões cosmológicas, como os referentes à liberdade, à origem do Universo e do ser humano etc, transcendem a mera abordagem e tratamento científicos e passam ao domínio da metafísica e da religião.

6 – A relação mente e cérebro

A questão da relação mente/corpo constitui, hoje, um dos grandes temas da filosofia. O fundo do problema reside na aparente heterogeneidade, ou na diferença radical, entre duas ordens de realidades: uma material e outra imaterial.

Podemos dizer – *fazendo uso de uma analogia* – que a relação mente/corpo é semelhante à que existe entre o que ocorre no interior da máquina, no hardware de um computador, e a significação daquilo em termos de um programa *(software)*. O programa é imaterial e é o que determina as oscilações de voltagem e corrente no computador que se traduzem, na linguagem da máquina, em um programa que realiza determinadas tarefas. Certamente há uma relação entre o programa e as voltagens da própria máquina. Todavia, da análise de um não se chega à realidade do outro. Avaliando os impulsos elétricos na máquina não se chega ao programa, ao seu significado, ao seu valor cognitivo. Entretanto, sem o computador, e todas as suas características físicas, não é possível que um programa se efetive, opere.

Da mesma maneira, a mente pode ser entendida como um programa no *hardware* de nosso cérebro, um *software* com a capacidade de apreender, flexível, autopercebedor e auto-regulador. Todavia, tanto no cérebro quanto no computador, pode-se ficar uma eternidade analisando tais oscilações de voltagem e de amperagem que nunca se atinará com o significado do programa, que é a idéia que determina tais variações. O programa constitui uma idéia que transcende a mera realidade física e energética da máquina, embora não possa existir sem ela. Isso significa que a realidade depende de algum substrato, mas que essa dependência não é total.

Para mentes com estruturas diferentes, a variação em tal substrato pode ser interpretada de uma maneira completamente diferente. Outra realidade será vista, ouvida, sentida, tocada etc.

Assim, pela análise dos impulsos nervosos nunca poderemos chegar à sutileza significativa de um poema de Goethe, ao próprio eu, com seus sentimentos, compreensões e valores etc. Há uma incomensurabilidade entre essas duas ordens de realidade. Uma é a realidade física, outra, a realidade metafísica; a realidade das idéias ou a realidade da mente ou do espírito.

❑ Capítulo IV

A Questão Fundamental do Livre-Arbítrio

Uma difícil questão que tem intrigado os filósofos ao longo dos séculos refere-se ao problema da *compatibilização* do princípio de causalidade, básico para nossa compreensão do mundo e fundamento da própria ciência, e a intuição imediata de nossa vontade livre, ou de nosso livre querer, fundamento, por sua vez, da moral e princípio elementar do próprio Direito e dos demais valores da vida social.

A grande dificuldade da afirmação da liberdade está na compreensão da possibilidade de uma vontade independente escolher entre alternativas diversas sem ser determinada de forma necessária por elas. Se a liberdade nos parece impossível, se pensarmos que tudo o que acontece deve ter uma causa, devemos considerar, também, que, ao analisarmos este último conceito, verificamos que ele é tão enigmático quanto a possibilidade da liberdade, visto que há como que uma incomensurabilidade entre causa e efeito. De fato, como determinado fenômeno pode dar origem a outro? Considere-se, por exemplo, o choque de uma bola de bilhar com outra, à qual é comunicado o movimento da primeira. Mesmo um fato tão corriqueiro como esse, se analisado em profundidade, nos coloca questões insolúveis ou misteriosas. Pergunta-se, o que faz com que o movimento que animava a primeira esfera seja comunicado à segunda? O que é que passa de uma para outra – *e que nos é invisível, imponderável, enfim que é imaterial* – que, ao mesmo tempo em que detém o movimento da primeira, inicia o movimento da segunda? Dir-se-á que a "energia" cinética de uma transferiu-se à outra. Contudo, essa "energia" é apenas um nome. Na verdade, não conseguimos ver nem explicar exaustivamente o que constitui tal "energia" e como é possível que, de todos os átomos, de toda a matéria da primeira bola, transfira-se instantaneamente alguma força para a matéria ou para os trilhões de átomos da segunda.

Hume([1]) já havia assinalado que nós não vemos "causas" nem "efeitos", apenas sucessão de fenômenos, aos quais, por hábito *(em razão do fato de estarem sempre numa relação de sucessividade e contigüidade)*, chamamos ao que antecede "causa" e ao que sucede "efeito".

A própria teoria do *Big Bang* e sobretudo a física quântica, com seu postulado indeterminista, torna teoricamente impossível a defesa do determinismo, que resulta da aplicação do princípio de causalidade aos fenômenos do Universo. Com efeito, como seria possível que, no exato instante em que o tempo e o espaço surgiram *(tempo e espaço nasceram juntos com o Big Bang)* a partir de um ponto infinitamente pequeno e com uma quantidade de energia infinitamente grande *(a singularidade)*, todos os acontecimentos subseqüentes já estivessem determinados? De que maneira estariam contidas num único acontecimento todas as linhas de causalidade pa-

---

([1]) **David Hume** *(1711 – 1776)*, filósofo empirista escocês, historiador e economista. Utilizando-se do método científico de Newton como modelo e construindo uma epistemologia fundada na de John Locke, Hume tentou descrever como a mente funciona na aquisição daquilo que denominamos conhecimento. Ele concluiu que nenhuma teoria da realidade é possível; não há conhecimento de nada além daquelas impressões que a experiência sensível proporciona.

ralelas que deram origem ao Universo e à complexidade da vida, da inteligência e da consciência, como a poesia de um Byron, o abacateiro de meu quintal ou a infinidade de experiências psicológicas da humanidade – *considerando a diversidade, complexidade e pessoalidade de cada indivíduo*? Em outras palavras, como a totalidade dos fenômenos do Universo estaria determinada a partir de uma única causa? É preciso, pois, que se considere a indeterminação da própria realidade, e do processo de seu desenvolvimento, para dar aparentemente uma resposta a isso.

A teoria do *Big Bang* é, também, insuficiente para explicar de que maneira o Universo chegou a desenvolver a ordem que possui hoje, no bojo da qual nasceu a vida inteligente. Para dar conta desse problema, temos de supor a existência de uma vontade livre ou de potências criadoras livres, como os Demiurgos do tipo platônico ([2]). Não nos é lícito extrair do mero indeterminismo causal, intrínseco à realidade *(nos termos da física quântica),* toda a ordem e finalidade do Universo. A liberdade da vontade *(a rigor, a própria vontade)* tem, no entanto, uma íntima conexão com o caráter indeterminado do mundo, mundo este cuja existência, desenvolvimento e finalidade não é *casual*.

Em princípio liberdade é o poder de escolher autonomamente sem a interferência determinante de nenhuma influência estranha ao indivíduo. Mas pergunta-se: se a escolha for feita por fatores que nos são peculiares, intrínsecos à nossa razão, seria isso liberdade? Os deterministas diriam que

---

([2]) Em vários textos, como, por exemplo, o *Fédon*, o *Sofista*, o *Político*, a *República*, Platão menciona a figura do Demiurgo como a inteligência mediadora entre o mundo das idéias *(que podemos chamar de mundo das possibilidades lógicas)* e o mundo sensível, responsável pela criação e organização da realidade sensível de acordo com aquelas idéias ou possibilidades. É o produtor da Natureza.

Platão afirma que o Demiurgo cria a realidade sensível servindo-se como modelo as idéias. Em outras palavras, o Demiurgo cria do Nada (que é pleno de possibilidades) a realidade sensível. Algumas vezes, porém, como na *República*, chega a afirmar que a Inteligência Cósmica, cria as próprias idéias, como paradigmas das coisas sensíveis (*República*, X, 597).

não, pois para eles a escolha se faz em função dos diversos condicionamentos da pessoa, tendo prevalecido o motivo mais forte sobre os demais. E concluem que, à medida que tais condicionamentos – *genético, cultural, familiar, etc* – vêm de fora do indivíduo *(da consciência)*, então não pode haver liberdade. Todavia, como explicar a origem do sentimento e da íntima sensação de que somos livres?

Vê-se, pois, que estamos diante de um paradoxo. Como bem assinalou Kant, há determinados temas, como a liberdade, e sua possibilidade *(assim como as questões da finitude ou infinitude do espaço e do tempo, da imortalidade da alma, da existência de Deus)*, cuja explicação não encontra acolhida no entendimento humano, pois ultrapassa seus limites. Isso acontece porque uma das categorias mais importantes dessa faculdade – *o Entendimento* – é o conceito de causalidade, que nos leva sempre a ter uma visão determinista da realidade. De modo que, se explicar alguma coisa é encontrar uma causa para ela, então a questão do livre-arbítrio está por princípio condenada.

O fato é que a liberdade não pode ser explicada, se por "explicar" entendemos descrever os mecanismos de sua possibilidade utilizando-se do conceito de causa e efeito. Como, de fato, tal descrição supõe o conceito de causalidade, conseqüentemente a liberdade não pode ser explicada da mesma forma que um fenômeno físico, como a queda de uma maçã, por exemplo, é explicado *(de forma causal pela lei da gravidade)*. Em outros termos, o conceito de liberdade não se coaduna com nenhum modelo descritivo que tem por base a noção de causalidade.

E assim como não se pode explicar a liberdade lançando-se mão do conceito de causalidade, assim também tal conceito não serve para explicar o fenômeno da própria consciência ou da autoconsciência do homem – *fundamento da liberdade* –, visto que não é lícito considerar a autoconsciência *(o movimento do espírito por meio do qual esse espírito se observa a si mesmo e apreende a si mesmo em suas ativida-*

des) como um elo necessário de uma cadeia de eventos causais, como um mero efeito de causas.

Mas isso quer dizer que a liberdade é um conceito vazio, que não corresponde à realidade? Penso que não.

Causalidade e razão suficiente

É necessário distinguir o conceito de causalidade do conceito de razão suficiente. Este último é mais abrangente que o primeiro e permite-nos relacioná-lo à idéia de liberdade. Se, por um lado, a causalidade tem uma conotação exclusivamente mecânica, instrumental, por outro, a noção de razão suficiente implica a idéia de justificação e de escolha, de outro. Posso sempre dar uma razão para meus atos, e isso não significa que não houve escolha livre entre um leque de opções que havia para eu escolher. Razão é fundamento, mas não necessariamente causa. Pode haver fundamento, sem que nada ocorra, desde que faltem as condições para isso, ou falte o impulso da vontade. Assim, por exemplo, podemos dizer que o Nada *(indeterminação absoluta)* é o fundamento do Ser *(que é determinado)*, mas não sua causa. Note-se que a razão pode ser também sentimental *("o coração tem razões que a própria razão desconhece" – Pascal)*, não apenas intelectual ou estritamente racional. Em outras palavras, posso invocar minha intuição, meu sentimento, etc, para dar a razão de um determinado ato, sem que isso signifique que o mencionado ato ocorreu de forma necessária ou mecânica.

Há quem argumente, para justificar a possibilidade da liberdade, que a indeterminação quântica da realidade responderia positivamente a essa questão. Haveria, segundo tal concepção, um fator básico interferindo em nossos pensamentos, uma série interminável de impulsos *(traduzíveis em pensamentos, desejos etc)*, gerados espontaneamente *(do vazio quântico de nossa consciência)*, que influenciariam a consciência, fazendo com que a vontade se inclinasse num ou noutro sentido. Tal conjectura, todavia, por si só, não justifica a liberdade, porque é um argumento a favor da *casualidade*.

O movimento da vontade, em tal caso, não seria livre, pois resultaria de um "impulso" que surgiu da indeterminação da realidade e que, de alguma forma, influenciou a consciência ou os pensamentos levando a vontade a movimentar-se numa determinada direção.

Para que a liberdade seja possível, considerando-se em conta a hipótese da indeterminação, é preciso que pensemos que tal indeterminação, apesar de influenciar ou preencher de conteúdo nossa consciência *(criando nela outras representações)*, serviria apenas para ampliar ainda mais as possibilidades para a vontade se determinar. Nessa hipótese, a ação humana somente seria livre se a indeterminação fosse submetida à vontade e aos conceitos e valores da razão humana, desde que a pessoa estivesse consciente das possibilidades, dos motivos e das tendências que ela própria possui. Mesmo que essa pessoa, em razão da indeterminação quântica, fosse impelida a preferir uma das alternativas entre duas opções dadas, poderia, ainda assim, consciente do que se passa em sua interioridade, modificar tal impulso e escolher o outro termo. Nesse caso, o exercício da liberdade decorreria da predominância de fatores culturais *(idéias, valores)*, espirituais, sobre a mera causalidade mecânica, fisiológica, mas envolveria sempre uma escolha *(que seria, por definição, livre)*.

Vê-se, pois, que o dilema, a dicotomia, a multiplicidade de possíveis motivos *(como os físicos ou instintivos, de um lado e os racionais ou culturais, de outro)* não inviabiliza a liberdade. Ao contrário. Precisamente porque a consciência situa-se no meio, no foco, desse influxo de forças contrárias é que a vontade pode escolher e, assim o fazendo, determinar-se livremente. A escolha entre tais estímulos *(e o grau de sua amplitude)*, chamados motivos, dependeria do grau de nossa consciência e da amplitude dos motivos da própria razão, que consiste na faculdade que nos permite ver além do momento presente e avaliar o resultado, positivo, negativo ou indiferente de nossas ações.

A liberdade consiste, então, no movimento pelo qual se congrega a consciência, a razão e a vontade, quando esta última se determina desprezando certos motivos e escolhendo outros que lhe parecem mais apropriados. Há liberdade *(ou pode haver)*, no caso, porque a escolha não é automática, mas implica uma ação ou atitude que nos priva de uma certa satisfação imediata, em função de um benefício posterior, ou dá preferência a um valor, como motivo, ao invés de uma satisfação física ou emocional.

O fato de sempre identificarmos uma causa ou uma razão para todas as nossas ações não constitui uma negação da liberdade ou uma refutação do livre-arbítrio, porque mesmo que identifiquemos uma ou mais razões para nossos atos e decisões, a escolha de uma ou outras pode ser efetivada livremente. Não é lícito afirmar que a razão escolhida foi, de certa maneira, determinante ou mais forte, mecanicamente, que outra ou outras. A possibilidade da liberdade existe precisamente nesse ponto: na capacidade não-mecânica e, portanto, autônoma, de escolha dentre múltiplos motivos ou razões. É a escolha dos motivos ou das razões que constitui a liberdade. A fórmula inverte-se. Não é que as razões ou os motivos acabem por tornar inconsistente a explicação da liberdade, mas justamente o oposto. Toda ação ou escolha tem uma razão; a liberdade reside justamente em poder-se escolher qual a razão dentre inúmeras possíveis que influenciam nossas ações. O mesmo se diga em relação a motivos heterogêneos, como o existente entre razão e sentimento ou emoção. Há sempre uma escolha, livre, que determina se a moderação, por exemplo, irá prevalecer *(em função de nossa vontade, que é uma faculdade intelectual)* ou o impulso emocional ou sentimental. Ambas as razões ou motivos estão presentes à consciência. A liberdade está em escolher uma ou outra. Nesse caso, a liberdade precede a razão do ato, como escolha dessa razão ou desse motivo.

Adiante veremos que a liberdade não pode ser demonstrada por um procedimento racional, porque ela é o fundamento e o pressuposto do próprio pensamento. Pensar é afirmar alguma coisa de uma outra coisa; é escolher o predicado para o sujeito de um juízo, num âmbito de possibilidades quase infinitas. É simplesmente impossível, usando-se o conceito de causalidade, dar conta da infinita plasticidade e multiplicidade significativa do pensamento, como fato da consciência. Os conteúdos variáveis e fluidos do pensamento – *e seu conteúdo significativo e simbólico* – não podem ser "pensados" como dependendo totalmente de causas que o tornem um elemento determinado numa série necessária de outros pensamentos. De fato, o pensamento pode ter, num momento, um objeto específico e, logo em seguida, outro, sem que se identifique *(apenas por suposição indemonstrável, como tenta fazer a psicologia e psicanálise)* um elo que os vincule; sem que se possa identificar uma ligação entre o conteúdo anterior e o posterior. *A vontade escolhe, ou pode escolher, o que pensar, e essa escolha é uma criação livre.*

1 – Liberdade e possibilidade

Pode-se dizer que a liberdade ou o livre-arbítrio é a capacidade da vontade de escolher uma entre várias possibilidades já dadas, os motivos, que são essenciais para definir a amplitude do ato livre. Quanto mais possibilidades houver para a vontade se determinar, maior também será, teoricamente, a amplitude e efetividade de seu exercício. A ausência total de motivos aniquila a liberdade porque priva a vontade da escolha das possibilidades.

Foi dito que a vontade, ao determinar-se, embora seja causa de uma série de fenômenos, não pode ser entendida como efeito dos motivos que serviram para que se determinasse, ainda que tenha como fundamento de seu exercício os aludidos motivos. De fato, só podemos pensar a vontade do ponto de vista do conceito de causa *(sem efeito)*, quando a consideramos como impulso que inicia uma cadeia de eventos determinados, sem ser determinada necessariamente por qualquer motivo. Se a vontade *(ou a liberdade da vontade)* não for somente um mero sentimento, uma simples sensação, temos que supor um começo absoluto que não depende de nada ou, em outras palavras, um ato mental/espiritual *(ou uma vontade)* que não é efeito de nenhuma causa; um princípio absoluto, uma pura criação. Todavia, à medida que a vontade está na dependência das possibilidades existentes *(de uma totalidade de existências que definem uma classe de possibilidades)*, não se pode dizer que a liberdade seja absoluta. Absoluto é seu poder de escolher dentre um número finito, ou indefinido, de alternativas.

Com efeito, a liberdade, como escolha, se exerce sempre sobre possíveis já dados; não é simplesmente liberdade desgarrada de uma referência, de uma totalidade de possibilidades. A minha vontade de voar ou de flutuar no ar não é uma possibilidade factível. O anseio de voar talvez me faça pesquisar um meio de anular a gravidade, ou, se sou imediatista, começar a saltar de pára-quedas. Mas não posso simplesmente sair voando.

Note-se que a autoconsciência – *o movimento do espírito que se volta para si mesmo para contemplar-se* – é um ato totalmente livre, porque foge a qualquer cadeia de determinação causal. Não se lhe pode explicar – *enquanto uma realidade subjetiva* – como um elo de uma série pregressa de fenômenos psicofisiológicos, porque não constitui um fenômeno, um elo determinado causalmente numa cadeia de fenômenos. Ao contrário, é a retirada de nossa percepção do estímulo dos sentidos – *onde poderíamos dizer que há determinação causal;* o movimento do espírito que se fixa sobre si mesmo; a apreensão da consciência por si própria, apreensão esta que não tem propriamente um conteúdo. Consiste na percepção de um ato, o ato que dá realidade ao mundo e às coisas: o ato vazio e formal da consciência, ou da atenção consciente. De modo que, nessa perspectiva, só é livre o homem que é consciente de sua consciência; e o grau de sua autoconsciência define o grau de sua liberdade *(no sentido de ampliação de suas possibilidade – nesse ponto, ele se liberta dos estímulos de suas sensações e de seus pensamentos)*. Ficar plenamente autoconsciente é desligar-se das determinações do mundo – *é escapar ao mundo, ao fluxo ininterrupto de fenômenos encadeados* –, porque, ao voltar-se para si mesma, a consciência torna-se uma força incondicionada e liberta-se, até certo ponto, da determinação causal dos fenômenos. Neste ponto, cada ato constitui uma criação, não determinada, ainda que dentro de um horizonte mais ou menos limitado de possibilidades; âmbito este com o qual podemos identificar a noção de razão suficiente.

A causalidade é puramente mecânica; é causa eficiente, enquanto a razão suficiente é algo semelhante à causalidade final *(teleológica)*. O fim determina o processo, mas não exatamente os meios. A consciência ou a vontade sempre escolhem uma opção do campo das possibilidades dadas. É por isso que nos é lícito dizer que para todo ato livre existe uma razão suficiente. Contudo, esta razão é apenas *"a consciência e escolha das possibilidades" ou* de uma possibilidade em meio a outras dadas ou criadas. Não significa que uma ou outra é mais determinante. A escolha depende, certamente, do que é possível realizar no âmbito de possibilidades em que a liberdade pode se exercer. A escolha depende dessa força que, no próprio ato da escolha, "cria" um evento: que é o ato ou a vontade livre. E esta criação ocorre no âmbito de um conteúdo consciencial. Mas, enquanto criação, não é determinada *completamente* por esse conteúdo.

A verdade, porém, é que não há propriamente uma explicação que dê conta da questão do livre-arbítrio. A liberdade da vontade, do querer, é um fato de consciência, uma sensação imediata que não necessita nem de comprovação nem de explicação. Constitui um dado imediato, uma intuição, como diria Descartes em relação ao "eu penso", evidente por si mesma. E se não pode ser demonstrada, pode ser – *e é* – vivenciada, experimentada.

Pelo uso exclusivo da razão e do entendimento, como mencionado, chegamos sempre à conclusão contrária àquela que a consciência testemunha na forma de uma sensação. Mediante tal uso, não há como negar o determinismo, visto que a admissão da liberdade está fora das possibilidades do processo com que a própria liberdade é pensada. Daí a dificuldade de se obter uma resposta positiva para a questão do livre-arbítrio. A liberdade é pensada, e sentida, sem ser entendida pelas categorias da razão, porque se choca frontalmente com a própria essência do mecanismo do pensar, que é pensar por meio de causas.

2 – A afirmação da liberdade raciocinando por absurdo

A liberdade é um pressuposto do pensamento, da autoconsciência e do agir moral. Explica os valores e dá sentido à vida humana e ao Universo. A sua possibilidade está para além – *ou aquém, como sua condição axiomática* – de nossa faculdade pensante e, portanto, escapa à nossa compreensão.

Já vimos como somos condicionados pelo próprio entendimento *(de forma natural e necessária, pois é essa sua estrutura)* a pensar em termos de causa e de efeito. De modo que todo acontecimento que queremos "compreender", necessariamente será entendido se visualizarmos uma razão ou uma causa anterior para ele. Daí por que sempre quando consideramos a questão da liberdade caímos imediatamente numa antinomia. De fato, como poderemos "compreender" a liberdade raciocinando em termos de causalidade e de necessidade? Não o podemos, obviamente. Apenas é lícito supô-la como condição de nossas funções superiores, ou demonstrando sua possibilidade raciocinando por absurdo.

Assim, tomemos como hipótese que tudo o que acontece está determinado necessariamente e que existem uma ou mais causas que explicam exaustivamente qualquer fenômeno que concebemos, desde os mais materiais, como a queda de uma maçã, até os mais imateriais, como um sentimento, um pensamento ou a própria autoconsciência. Consideremos ainda que, ou o Universo é eterno, ou seja, sempre existiu, ou teve um começo – *um Big Bang iniciador* –, momento em que a energia, a matéria, as leis naturais, o tempo e o espaço se originaram simultaneamente.

Se considerarmos que o mundo é eterno, então devemos concluir que o que acontece hoje, acontece eternamente em contínua repetição, posto que já se terá passado uma eternidade até cada acontecimento *(e, portanto, este acontecimento já deveria ter ocorrido antes)*. Mas isso conduz a uma regressão ao infinito, à medida que já tendo se passado uma outra eternidade antes daquele primeiro "antes", e assim sucessivamente, o fato já teria se repetido uma infinidade de vezes.

Contrariamente, se pensarmos que o Universo teve um começo, então segue-se que, no início, já estavam contido, *a priori,* conforme já mencionado, todos os fenômenos que se seguiriam em tal Universo. Ou seja, de uma única causa resultaria uma infinidade de efeitos, o que é absurdo. Logo, há liberdade.

Um outro argumento contra o determinismo é o seguinte: se tudo fosse determinado o resultado do processo da existência seria conhecido e, assim, nada se ganharia com ela *(existência)*. Ademais, se o processo fosse conhecido *(seu resultado e todos seus passos)*, ele seria finito, porque somente o finito pode ser conhecido *(o infinito é, por definição, inalcançável)*. Ora, sendo o Universo finito, e o tempo, infinito, a existência teria que ser pura repetição infinita, caindo-se assim na mesma situação já descrita acima.

Se, no entanto, considerar-se que o tempo é criado juntamente com o Universo *(teoria do Big Bang)*, não se pode pensar que este Universo seja finito em suas possibilidades, mas infinito, já que surgiu do Nada *(que contém todas as possibilidades, por ser pura negação de toda condição e, nesse sentido, a condição, o fundamento, de todas as condições)*. Mas, neste caso, se é infinito, então é completamente previsível, porque a idéia de infinito é incompatível com a noção de previsibilidade.

Poderíamos, usando da terminologia kantiana, dizer que a causalidade exaustiva, ou a completa previsibilidade, é uma idéia que tem apenas um valor regulativo, heurístico, não correspondendo, pois, à verdade integral da realidade. A previsibilidade total da Natureza – *incluindo matéria, energia e mente* – é simplesmente uma impossibilidade; é apenas a extrapolação indefinida da noção de que podemos encontrar uma causa ou uma razão, e quase sempre julgamos encontrar, para explicar os fenômenos singularmente considerados. Mas é preciso compreender que nenhum fenômeno existe separado do conjunto dos outros fenômenos que compõem o Universo. Tudo está relacionado com tudo, porque não existem ocorrências puramente isoladas e separadas.

O máximo que nos é permitido afirmar sobre essa questão é que o conjunto do Universo em evolução tem um destino, um programa, que é certo e provavelmente previsível *(por mentes mais avançadas que a nossa, ou pelo próprio Deus)*, mas os processos individualmente considerados *(que estão sob a égide do indeterminismo quântico, de um lado, e da liberdade intrínseca da vontade consciente e autoconsciente, de outro)*, não o são. Daí dizer-se que a "liberdade" ou imprevisibilidade acontece no âmbito de uma determinada situação e de certas condições que a limitam.

3 – O problema do livre-arbítrio e a presciência divina em Santo Agostinho

Embora Santo Agostinho, no livro *Do Livre-Arbítrio*, detenha-se sobre a questão da liberdade da vontade sob um enfoque marcadamente cristão e teológico, no qual se sobressai a problemática do bem e do mal, do pecado e da obediência a Deus, o texto que apresenta constitui um clássico e merece, por sua agudeza de análise, a mais profunda reflexão.

Diz Agostinho, na citada obra, que o homem quando não pode agir senão segundo o bem e a verdade, realiza em plenitude sua liberdade, e o faz iluminado pela graça de Deus.

Ao contrário, quando exerce seu livre-arbítrio sem o auxílio divino, há como uma tendência insuperável de escolher os bens menores aos maiores. Assim surge o mal. É por essa razão que o livre-arbítrio possui, para o autor, um sentido quase negativo, visto que está ligado ao pecado *(entendido este como um afastamento de Deus, ou de Sua vontade)*; à preferência dos bens menores, ao passo que a "liberdade" é a incapacidade de efetuar o mal. Dessa forma, caracteriza-se a liberdade como a realização do bem com vistas à beatitude, ao passo que o livre-arbítrio relaciona-se ao exercício da vontade no sentido da própria satisfação. Esta pode inclinar-se ao pecado, e, sem o auxílio de Deus, é o que faz. Porém, mesmo com a ajuda ou a graça de Deus, é a livre vontade que escolhe o bem maior e age no mundo, pois a vontade é neutra e pode ser utilizada tanto para o bem como para o mal. Na liberdade, o exercício da vontade está sempre determinado a uma única escolha, que é o bem maior. Mas enquanto é vontade desse bem, Agostinho a considera livre; constitui uma liberdade livre da possibilidade do erro e do mal.

Evódio, o interlocutor do filósofo, pergunta, então, de onde vem à vontade o movimento que a inclina ao erro e ao pecado? Agostinho responde que o defeito provém do nada, da carência de nosso ser, que não é absoluto. Isso porque tudo que procede de Deus possui medida, número e ordem, e o que é defeituoso, o erro, o bem menor, constitui justamente aquilo em que faltam tais qualidades *(ou uma delas)*. Para ele, assim, o mal não é ser, mas carência ou privação de ser; é simplesmente o bem menor. A vontade do homem quando opta por um bem menor e pratica um pecado não prefere de forma positiva um mal concreto, mas inclina-se aos bens menores, àqueles perecíveis e mais próximos da sua sensibilidade e natureza física.

A natureza das coisas tem mais ou menos ser. O homem, dentro da Criação, é aquele que possui o ser em mais alto grau. Contudo, não é ser absoluto, como Deus. Daí por que o mal e o pecado que comete advém-lhe da sua falta de ser, visto que somente Deus é plenitude de ser *(possui o Ser em mais alto grau)* e por isso age ou cria sempre por meio do bem, que lhe é próprio, não podendo fazer o mal.

De qualquer forma, fica implícito no pensamento do autor que o homem sempre age influenciado por uma motivação. Sem ajuda de Deus, os bens menores, perecíveis, são o alvo constante da sua vontade; com o auxílio de Deus a vontade torna-se boa vontade, e o homem liberta-se da possibilidade de escolher o mal, não podendo senão agir retamente segundo a lei eterna.

Santo Agostinho parte do fato da consciência para provar ou afirmar a liberdade. A fim de demonstrá-la como um bem, diz-nos que *"ninguém pode viver retamente"* sem a liberdade da vontade, vez que para isso é preciso escolher. Desse modo, o livre-arbítrio dá ao homem a condição de ser um sábio, isto é, de ser propriamente humano, posto que lhe permite eleger entre o caminho que a razão indica – *"saber não é outra coisa que perceber pela razão" (Livro I, Cap. VII, p. 273)* – ao invés de se abandonar à influência e aos ditames das paixões. Nenhuma outra coisa torna a mente cúmplice das paixões senão a própria vontade e o livre-arbítrio. Todo empenho do filósofo está, pois, em mostrar que o livre-arbítrio constitui um bem e o fundamento da ação reta ou do viver retamente segundo a lei de Deus.

Quando se focaliza com cuidado a questão do livre-arbítrio em Santo Agostinho, o problema mais difícil reside na antinomia ou paradoxo da conciliação entre a liberdade de escolha do homem e a presciência divina. Esta constitui a questão que Evódio, o interlocutor, suscita: se Deus antevê exaustivamente o futuro do mundo contingente, então como é possível afirmar a liberdade da vontade humana?

Talvez se pudesse, como Evódio sugere, eliminar o problema do conflito entre a presciência divina e o livre-arbítrio, afirmando a ilusão do homem em se pensar livre. Desta maneira, a questão se resolveria, mas à custa da responsabilidade, da moral, negando-se sobretudo um fato básico e imediato de nossa própria consciência, que é sentimento básico e insuperável da liberdade de nossa vontade. Ademais – *e isso tem uma importância vital para o grande padre da Igreja* – negar a vontade livre é, também, colocar em risco *(senão aniquilar totalmente)* a doutrina cristã, pois esta fundamenta-se justamente no conceito de justiça divina, de responsabilidade, de pecado e de salvação, que, sem a noção de liberdade, perdem todo o sentido. Com efeito, somente pode haver pecado, culpa e salvação se quem peca, quem se sente culpado e quem se salva é livre para agir e para construir sua vida e o seu destino. Sem isso o homem não seria mais que um mero instrumento, um fantoche, uma máquina do destino. Por isso Santo Agostinho se vê forçado a afirmar, de um lado, a liberdade da vontade, e de outro, a onipotência e presciência divina, que é um postulado básico da doutrina cristã, embora sejam posições incompatíveis e irreconciliáveis do ponto de vista da razão finita humana.

A meu ver seria possível argumentar, na tentativa de evitar o paradoxo e compatibilizar tais posições, que Deus – *estando na Eternidade* – possui o conhecimento prévio de todos os atos possíveis do homem, de tal modo que tudo o que acontecesse não seria uma surpresa para Ele, embora não soubesse exatamente qual das suas ações seria a escolhida. Nesse caso, embora Deus não pudesse saber qual das possibilidades seria efetivada *(na sucessão temporal como conteúdo de alguma consciência ou como fenômeno intersubjetivo no espaço)*, tornando-se real, contudo já a conheceria de antemão, por ser uma das hipóteses contidas na mente divina, que conhece todas as possibilidades. Todavia, é preciso lembrar que tal solução não se adequaria à noção agostiniana de que Deus de fato prevê, ou sabe de antemão, com absoluta segurança, o movimento da própria vontade do homem, antes dele mesmo.

Agostinho, na verdade, não soluciona o paradoxo, e nem tenta compatibilizar o antagonismo daquelas duas idéias, porque entende haver, no caso, um mistério, que está além da capacidade humana de compreendê-lo. Assim, sua intenção é mostrar apenas a realidade da vontade humana e, ao mesmo tempo, afirmar a presciência divina, ambas como verdades fundamentais e inquestionáveis da religião cristã. Como isso é possível constitui um mistério de Deus e sinal da sua onipotência.

O mais importante, para o filósofo, é afirmar o livre-arbítrio como um fato de consciência; afirmar aqueles sentimentos *(de responsabilidade, de culpa, de dever)* que supõem a liberdade da nossa vontade e que são o fundamento da doutrina cristã e da Igreja. É nesse sentido que ele diz: *"Se o movimento pelo qual a vontade se dirige a uma e outra parte não fosse voluntário e não estivesse em nosso poder, não seria o homem nem digno de louvor nem de condenação quando, por assim dizer, gira-se sobre o gonzo de sua vontade até os bens superiores ou inferiores"' (Livro III, cap. I, p. 409).* E completa: *"Enfim, não queda anulada nossa liberdade pela presciência divina; ao contrário, é mais certa, porque aquele cuja presciência não se engana previu que seríamos livres."*

O problema é que tal afirmação não pode sequer ser entendida *(apenas podemos crer nela negando nossa razão)*, porque se tudo já está determinado na mente de Deus, então a marcha dos acontecimentos também o está, não podendo a vontade ser livre, mas apenas querer o que quer *(a vontade não pode querer o que não quer)*.

A solução talvez seja considerar que Deus, na Criação, só conhece o princípio e o fim de sua Criação *(ou o suposto fim)*, mas não o meio pelo qual o fim é atingido, isto é, o processo que medeia o alfa e o ômega, o princípio e o fim. O processo, que é intrinsecamente temporal, é o lugar da liberdade e da temporalidade. De fato, não há liberdade que não seja no tempo, que não seja decorrente de um processo *(no qual uma possibilidade lógica de existência se segue à outra)*. O meio, as características do processo tornam-se conhecidos *a posteriori*, ou no momento em que ocorrem. Deus e o homem se igualam nesse ponto.

O princípio e o fim são idéias na mente de Deus que constituem respectivamente a causa eficiente, no início, e a causa final, no termo. É entre um e outro ponto que há espaço para a liberdade do homem *(dos anjos e arcanjos – veja-se o exemplo do anjo caído)*. E a liberdade da criatura é o método ou o único meio para Deus crescer e atualizar suas potencialidades. Com o imprevisível, com o que é novo *(o acaso, a "indeterminação quântica da realidade")*, algo também novo é acrescentado a Deus e às criaturas. Se tudo fosse previsível, nada de novo se ganharia, e Deus não teria razão para criar. A Criação é, num certo sentido, uma aventura, um salto no escuro, um ato de fé em Si mesmo e nas criaturas, que são os fundamentos imprescindíveis de Sua Criação. Quanto mais liberdade, mais longe se pode ir. E quanto mais criaturas exercerem tal liberdade, dentro de um processo inteligente e amoroso *(que é o sentido da integridade e identidade da diversidade dos seres criados)*, mais poderoso e extraordinário será o resultado, tanto para o criador quanto para a criatura. Mais poder é atualizado, mais habilidades são aperfeiçoadas; mais fontes e oportunidades de regozijo são desenvolvidas.

Se Deus conhecesse todas as escolhas humanas previamente *(presciência divina)*, a Criação seria mera reprodução e não teria sentido algum. Seria ação sem enriquecimento qualitativo, sem acréscimos fundamentais, que não justificaria a sofrida ascensão da vida à autoconsciência e à consciência da divindade.

Deus tem o conhecimento de todas as possibilidades do Universo, enquanto é tudo o que há *(em potencialidade ou possibilidade)*. Somente não sabe, e não pode saber, qual delas tornar-se-á existência, ou seja, qual delas passará a ser conteúdo de alguma consciência e ingressará no tempo e no espaço, passando de potência ou possibilidade a ato, à existência. Em outras palavras, em Deus há o conhecimento de todas as possibilidades lógicas que emanam de Si *(que é o infinito)*, mas concomitantemente com a Sua ignorância a respeito de qual possibilidade passará a existir. Assim, a liberdade na Criação somente é possível com a ignorância, e no contexto de um mundo limitado no tempo e no espaço.

Por essa razão, a liberdade da criatura tem como corolário que a mente, o pensamento e a consciência da criatura não são totalmente penetrados pela mente ou pela consciência de Deus. É certo que todos os pensamentos possíveis *(de todos os indivíduos)* são do conhecimento de Deus, mas não especificamente cada um que passa a ser, momentaneamente, em seu fluxo ininterrupto, conteúdo de determinada consciência. Deus pode avaliar o homem por seus atos, mas não pode penetrar seu sentimento, sentir seu amor, sua depressão, seu ódio, suas saudades, seu desespero e alegria, de forma específica e imediata. Não pode sofrer ou viver cada experiência humana na mesma intensidade e sob o mesmo ponto de vista da criatura. Pode, contudo, entre um ciclo de manifestação e outro, entre um *Big Bang* e o próximo, ter tal conhecimento e experiência, de forma mitigada e posterior, quando o Universo se recolhe e Deus pode processar as informações, pelo momentânea dissolução de todas as diferenças no seio da plenitude eterna imanifestada.

Liberdade e Criação

A liberdade, que está fundamenta na potência do Nada, do vazio impreenchível da consciência, gera novidade no Universo; ela é o fator básico da evolução, do trânsito da possibilidade *(potencialidade)* em realidade *(atualidade)* ou existência. Proporciona a Deus algo que Este não possuía: novas habilidades, novas capacidades, novas possibilidades de sentir e de perceber.

O homem, a criatura, é aquele que ensina a si mesmo e a Deus novas coisas; aquele que engrandece Deus e dá propósito à própria Criação. Ou, dito de outro modo, Deus somente cria e, nessa medida, existe para Si mesmo pela consciência reflexa da criatura. E a liberdade de Deus repousa precisamente nessa capacidade de criar um ser dotado de ação livre, que possa efetivar e explorar a Sua própria liberdade infinita, atualizando as possibilidades do Nada incondicionado. Neste caso, Deus e a criatura são dois aspectos da mesma coisa. Um não existe, e nem pode existir, sem o outro. Não há Deus sem indivíduos, como não existe indivíduos sem Deus. E isso é impossível sem um campo para dar-se a experiência da vida: o campo existencial do(s) Universo(s). São três faces de uma mesma coisa, de um mesmo fenômeno. O fenômeno da existência.

Tal assunto será aprofundado no VI capítulo.

4 – Terceira antinomia **(Crítica da Razão Pura***, de Kant): causalidade e liberdade***

A terceira antinomia da razão pura diz respeito ao problema da compatibilização teórica da idéia de necessidade fenomênica, imposta pela categoria ou conceito puro de causalidade, com a noção de liberdade, ou de livre-arbítrio, como fundamento de nossa ação moral. Kant procura solucionar a questão – *para poder justificar a existência de uma vida moral no homem* – pensando como não-contraditória a causalidade transcendental incondicionada *(que emerge do homem considerado como noúmeno, não como fenômeno)*, que tem o condão de iniciar uma ação livre, ao lado da estrita e necessária causalidade fenomênica da Natureza. É a idéia de uma causalidade numênica responsável, no homem, por sua capacidade de influir sobre as cadeias causais do mundo sensível, sem invalidar a aplicação ao mundo do conceito de necessidade ou de causalidade na série sucessiva dos fenômenos. Pois, como afirma o filósofo,

> *"É uma lei da Natureza, que tudo o que acontece tem uma causa, e a causalidade dessa causa, ou seja, a ação, porque precede no tempo a um efeito que surgiu, não pode por si mesma*

ter sido sempre, mas deve ter acontecido, possui também a sua causa entre os fenômenos, pela qual é determinada e, por conseqüência, todos os acontecimentos são determinados empiricamente numa ordem natural" (B 570).

Todavia, a postulação de um mundo de coisas-em-si-mesmas leva forçosamente à conclusão que os fenômenos têm como fonte a atividade dessas coisas-em-si-mesmas. Do contrário, toda a construção da experiência *(e do conhecimento)* empreendida pelo entendimento não passaria de algo puramente aleatório e fortuito, sem base em uma realidade extramental. Ou seja, a ordem da Natureza tem de ser pensada justamente como resultado de uma determinação *numenal*, estando na dependência de uma ordem que essas coisas-em-si-mesmas possuem intrinsecamente. Com efeito, *"os fenômenos considerados como meras representações têm que possuir fundamentos que não sejam fenômenos"* (B 465). Se não houvesse relação de determinação entre *noumeno* e fenômeno não haveria sentido em se supor uma existência não fenomênica, independente da percepção.

Há comentadores de Kant que vão ao ponto de afirmar que a noção de coisa-em-si equivaleria ao conjunto possível das manifestações do fenômeno. Seu ser equivaleria a seu aparecer, pois não seria correto afirmar a existência de uma coisa-em-si-mesma além da experiência *(do fenômeno)*, do seu revelar-se, visto que a aplicação do conceito de ***realidade*** somente pode ser usado com referência ao fenômeno, ao que se apresenta à consciência sensível ou intuição.

De qualquer modo, para Kant é fundamental a distinção entre fenômeno e coisa-em-si para salvar o conceito *(e a possibilidade)* de liberdade, posto que, se os fenômenos fossem toda a realidade, estariam inexoravelmente determinados pelas leis causais da Natureza. Não comportariam, por isso, a possibilidade de uma causalidade livre, capaz de iniciar de forma incondicionada uma cadeia causal no mundo fenomênico.

Contudo, se penso no caráter inteligível como causa de processos fenomênicos, é forçoso concluir que tal causa consiste num acontecimento *(ou um processo).* E como acontecimento, estaria no tempo e, por isso, seria regido por uma relação causal. Dessa forma, à sucessividade de apresentações dos dados sensíveis à consciência – *isto é, a sucessividade no fenômeno* – deveria corresponder uma atividade sucessiva das coisas-em-si sobre a sensibilidade, fora do sujeito.

Pelo menos isso saberíamos a seu respeito, enquanto coisa-em-si-mesma: que têm uma atividade independente do sujeito e da percepção e, por isso, devem de alguma forma estar no tempo, um tempo real, não transcendentalmente ideal, como o tempo e espaço da sensibilidade.

Em síntese, se há um processo causalmente ordenado no nível do fenômeno, da consciência sensível, num tempo e espaço ideal que progride indefinidamente, e se os fenômenos têm por fundamento coisas-em-si, então, os processos que surgem na consciência enquanto fenômenos, aparições, devem corresponder a certas atividades das coisas-em-si-mesmas.

Devemos concluir, a partir do exposto, que a liberdade não pode ser demonstrada, ou até mesmo explicada *(no sentido de determinar a origem de sua possibilidade)* mediante princípios teóricos, como os de razão suficiente e o de causalidade. Podemos, com efeito, dizer que a razão constrói seus motivos e, juntamente com eles, os fundamentos da liberdade, as alternativas para a vontade se pronunciar. Mas, como ela faz isso livremente, escapa completamente ao alcance do entendimento, pois tal possibilidade contraria os princípios fundamentais do próprio pensamento. Somente é possível dizer ou afirmar a liberdade faticamente.

A liberdade, pois, consiste num fato da razão revelada diretamente mediante um sentimento, e indiretamente, de acordo com Kant, pela existência da obrigação *(ou lei)* moral em nós, como dado fundamental e originário da consciência. O pensamento, por ser uma atividade discursiva que constrói o conhecimento mediante conceitos, e cujo princípio fundamental é o de causalidade, não poderia senão negar a liberdade enquanto, ela própria, negação da lei de causa e efeito, assim como da lei de conservação da energia, posto que a liberdade equivaleria a uma criação espontânea de informação, ou de energia([3]).

Assim, pois, o problema da liberdade, da forma como está posto dentro da perspectiva teórica, e partindo dos pressupostos do pensamento lógico, terá sempre uma solução negativa. A presença de duas ordens de realidades *(a fenomênica e a numenal)* serão inquestionáveis para a consciência e, contudo, incompatíveis entre si: por um lado, o fato originário de nossa consciência que nos faz intuir como fautores e agentes causais livres, e por outro, o pensamento de nossas ações como uma cadeia *ad indefinidum (de causas e efeitos)*, como impõe nosso entendimento pelo conceito de causalidade.

Todavia, a relação de causa e efeito, quando posta como objeto de análise, mostra-se tão incompreensível quanto a liberdade, porque ambas são conceitos correlatos. Não se pensa a liberdade sem se remeter, como pano de fundo, à relação de causa e efeito, e vice-versa. Quando pensamos a causalidade, só o fazemos mediante a consciência da possibilidade de sua negação, por contraste; como uma possibilidade oposta. A liberdade não tem significado se não for pensada juntamente com a necessidade, com a noção de ordem. Somente aí, num mundo ordenado por regras e leis, a liberdade pode ter algum sentido, visto que impõe uma nova ordem onde havia uma outra preexistente.

É esse o mérito de Kant: fixar os limites do discurso teórico *(ou da razão pura teórica) e* mostrar aquilo que pode ou não ser passível de conhecimento objetivo, de certeza teórica

---

([3]) O exercício da liberdade *(assim como a criação do Nada a partir da indeterminação quântica)* é uma constante transgressão ao princípio da conservação da massa e da energia. De fato, todo movimento 'livre' de nossa vontade introduz alguma ordem *(ou desordem)* no ambiente, ou em nós mesmos, que não havia antes.

ou racionalmente demonstrada, o que, por outro lado, está além dessa pretensão. A liberdade, a infinitude ou finitude do mundo e a existência de Deus são problemas que ultrapassam os limites da razão. Estão no limite do pensar, onde residem os paradoxos.

Com efeito, as questões paradoxais da filosofia – *que constituem os problemas fundamentais colocados pelo homem na sua atividade de pensar a existência* – surgem exatamente da pretensão infundada de transformar em problema teórico, ou passível de demonstração lógico-empírica, e, portanto como objeto de uma linguagem representativa e descritiva, realidades que são passíveis apenas de compreensão; não de conhecimento, porque estão circunscritas à dicotomia limitante da dualidade sujeito/objeto. Em suma, como explicar – *mediante uma linguagem para fenômenos* – a liberdade, que não é objeto fenomênico, um objeto de uma experiência possível?

De fato, a liberdade não é dada na experiência externa como fenômeno. Aí somente apreendemos fatos aos quais aplicamos a categoria de causalidade. Não sendo a liberdade uma categoria do entendimento, ou melhor, da razão teórica, obviamente não a podemos aplicar ao mundo dos fenômenos, considerando este como inteiramente regido pelo princípio de razão suficiente ou pela causalidade.

A liberdade, assim, somente pode revelar-se como o sentimento interior de nossa livre vontade, de nosso poder independente e autônomo de escolha, diante de um mundo de possibilidades.

Por essa razão, a nossa vida moral deve ser pensada a partir da idéia de liberdade, idéia esta que pode ser considerada uma "categoria" de nossa razão prática e, enquanto tal, constitutiva de uma outra ordem de realidade, a realidade moral, que constitui uma realidade irrefutável, posto que é um dado originário da experiência interna do homem. Todavia, não podemos elaborar uma dedução ou demonstração lógica ou transcendental para ela, uma vez que constitui um objeto de vivência, uma sensação de poder apreendida no âmago mesmo da própria consciência.

5 – A autodeterminação da razão na construção da liberdade

Kant afirma que a liberdade *– ou vontade livre –* é determinada pela razão e por nada mais. Eis por que a vontade, nesse caso, pode ser chamada "autônoma", visto que é construída a partir dos princípios interiores ou leis da razão. Quando o homem age livremente, não é uma causalidade mecânica que determina suas ações, mas uma razão não-mecânica cujos motivos são escolhidos livremente *(B 575)*, pois toda ação voluntária deve ter uma razão, um motivo. Contudo, tal motivo não é dado empiricamente, como os objetos físicos, embora a vontade seja despertada, assim como o nosso Entendimento, pela experiência. Esse motivo é criado, construído, a partir da consciência e da razão. É esta construção *(de motivos e razões com respeito ao mundo empírico)* que irá se constituir na explicação da ação do homem, de seus atos voluntários, do ponto de vista da razão prática. Portanto, da mesma forma que a noção de objeto é construída pelo entendimento, assim também a liberdade *(como idéia e como fato)* é construída a partir dos princípios internos da razão. Nesse sentido, é igualmente *a priori*, enquanto potencialidade de ação. Entretanto, enquanto o conceito de objeto tem uma correspondência semântica, ou um possível referente empírico *(validade objetiva)*, a liberdade ou seu conceito remete a uma idéia que não é dada à intuição sensível e, por isso, não constitui um possível objeto de conhecimento. Não tem, por isso, validade objetiva. Por essa razão um conceito de objeto é passível de prova transcendental *(dedutiva)*, ao passo que a liberdade possui uma prova indireta, não-lógica, mas fatual, prática: ela é fundamento do fato moral dado à consciência e, em si mesma, é experienciada diretamente como uma sensação, um sentimento de poder.

A própria atividade da razão *(o pensamento)* deve, como já se fez ver, também ser pensada como fundamentada pela liberdade. E o fundamento não se explica: ele é dado imediatamente à consciência como a possibilidade de uma coisa, como um princípio radical. Não pode ser explicado, pois é fundamento mesmo da explicação da possibilidade da consciência e da razão, bem como dos motivos que esta cria para agirmos no mundo.

6 – Conclusão

É um contra-senso pretender provar a liberdade utilizando-se, como pano de fundo, a noção de causalidade. A liberdade é um postulado de nossa ação e de nosso pensamento. De fato, quando consideramos a possibilidade deste, temos que supor, de antemão, a liberdade. Por essa razão, a questão da possibilidade lógica, ou racional, da liberdade é um falso problema. Se o conhecimento somente se torna possível com a enunciação de juízos, segue-se, naturalmente – *pois emitir juízos implica uma antecedente capacidade de escolha entre predicados possíveis* – que, antes, é preciso que se exercite nosso poder de escolha entre predicados possíveis. Assim, pois, para conhecer, para transmitir esse conhecimento, ou até para emitir um pensamento ou opinião, é preciso que se seja livre para escolher.

Tal percepção do problema soluciona uma recorrente dificuldade filosófica que tem intrigado os pensadores ao longo dos séculos.

Pressupostos, axiomas não se explicam, pois são a base mesma de toda a explicação. Toda construção teórica assenta, em última análise, sobre princípios indemonstráveis, tomados como certos e evidentes em si mesmos. Da mesma forma, a liberdade é um destes princípios que explica a possibilidade do próprio pensamento, uma vez que este é, fundamentalmente, uma operação de escolha de predicados para um sujeito. Ora, somente quem é livre pode escolher. Dessa maneira, não é o pensamento que deve explicar a possibilidade da liberdade, mas a liberdade que explica a possibilidade do pensamento.

Pode-se argumentar que esse raciocínio é um truque. Ao invés de solucionar a questão, ele a faz desaparecer. O problema, aqui, não é simplesmente um jogo de palavras, mas de enfoque, de perspectiva. O fato de a linha reta ser a menor distância entre dois pontos, num espaço geométrico, não constitui um problema, mas é um enunciado evidente por si mesmo. Contudo, essa evidência demorou alguns séculos de história para ser enunciada claramente. E para ser aceita. Da mesma forma, o que antes parecia um problema insolúvel, fonte de paradoxos, é resolvido com uma precisa colocação do problema. O que antes era fonte de questionamento passa, agora, a ser fundamento *a priori* de toda e qualquer solução racional. O que temos, portanto, é justamente uma solução semelhante, embora pareça paradoxal ou negativa. A verdade, porém, é que a tradicional questão da liberdade, que tem ocupado pensadores do quilate de um Santo Agostinho, de um Tomas da Aquino, de um Kant, de um Hegel etc; sempre foi mal formulada, pois, em todos os casos, foi encarada como um paradoxo a ser resolvido. E não se trata disso. A liberdade é apenas um axioma do pensamento, um axioma da ação humana, que pressupõe, por sua vez, esse mesmo pensamento. Até agora não havia um enfoque preciso sobre tal tema – *razão das infindáveis teorias para explicar a liberdade* – todas elas insuficientes, naturalmente.

Dir-se-á, talvez, que não se está resolvendo a questão, mas, mediante uma artimanha, escapando do problema. Não é o caso. Usarei um nova analogia para explicar. Há uma lei física formulada nestes termos: "matéria atrai matéria na razão direta de suas massas e na inversa do quadrado das distâncias". Com esta lei, o homem prevê uma série de fenômenos e constata que, de fato, a Natureza se comporta segundo ela. Entretanto, o porquê de a matéria proceder de tal maneira, o porquê de a matéria atrair matéria na razão direta de suas massas e na inversa do quadrado das distâncias é, precisamente, o "x" do problema. Os cientistas dizem simplesmente: *"porque é assim"* e ponto final. A Natureza é dessa forma, e não faz sentido perguntar por que ela é assim. Poderia ser diferente. Da mesma maneira, afirmo que a lei que rege o pensamento, ou mais precisamente, a atividade judicante, é a liberdade.

O homem é livre porque conhece, porque emite juízos sobre as circunstâncias de sua vida e de seu meio ambiente, diferentemente do animal, que somente sente.

Em síntese, liberdade não se explica, porque é pressuposto indireto de toda explicação, à medida que a explicação é um procedimento judicativo e livre. Da mesma forma, causalidade não se explica, por ser pressuposto direto de toda explicação. Nesse sentido, perguntar como é possível a liberdade equivale a perguntar, *mutatis mutandi*, como é possível a causalidade – são duas faces de uma mesma moeda. Ou seja, responder por que a causa é causa de algum efeito é tão problemático como responder como pode haver fenômeno sem causa já previamente determinada por outra causa. Nesse passo não se chega a um fim.

Mas se a liberdade é algo que não podemos explicar, é algo que podemos compreender. Podemos pensá-la como o poder autoconsciente da vontade, poder este que comporta diversos graus.

❑ *Capítulo V*

Existência

1 – Existência e sensação

De um determinado ponto de vista, a sensação é a meta da existência. Sensação é vida. Todavia, tudo que é pensado ou concebível possui uma realidade ideal, enquanto simples possibilidade. O que diferencia o possível, ou ideal, do real e existente é precisamente a sensação. Aquilo que sentimos *(ou o que alguma consciência sente)* é sempre presente e real, e distingue-se tanto do que é passado como do que ainda é uma possibilidade no futuro; do que pode tornar-se uma realidade sensível, percebida, vivida.

Mas, se tudo que é possível é real, por existir em um determinado mundo *(ideal),* então por que algumas possibilidades deixam de ser realidades ideais para tornarem-se realidades existentes, passando de realidades interiores e subjetivas a realidades exteriores e objetivas?

Conforme respondemos nos capítulos precedentes, a consciência *(e sua atividade voluntária)* seria o fator responsável pelo trânsito de um momento a outro, de uma realidade ideal, meramente possível, a uma existência real e vivida. É por isso que a realidade e consciência são, num certo sentido, idênticas; duas faces de uma mesma coisa.

Vida

Vida é a capacidade atual e efetiva de sentir, de reagir e de querer. Como conflito entre opostos, entre o espírito e a matéria, ela necessita da dicotomia interior/exterior para se manifestar.

O espírito considerado em si mesmo não é vida. É possibilidade *ativa* infinita de vida. Da mesma forma, a matéria *(o espaço e o tempo)* é a possibilidade *passiva* de vida, a resistência abstrata à ação do espírito. Essa resistência cria o tempo *(processo, ou fragmentação progressiva)* e o espaço *(a fragmentação atual ou simultânea),* e destes surgem a multiplicidade dos fenômenos, que é o mundo.

A vida deve ser considerada ou como uma categoria fundamental da existência ou mesmo identificada com a própria existência. Seu objetivo é o desenvolvimento das possibilidades do espírito, que, como um Vazio ou Nada, que é plenitude de potencialidade, tende e "quer" ser Tudo. O Universo, assim, é palco, o lugar do infinito desdobramento dessa plenitude de possibilidades pelo processo da vida.

Deus, como totalidade, também não é vida. É a totalidade das possibilidades do espírito, do Nada-Tudo, do vazio infinito e inesgotável. Ele é o fundamento e a fonte da vida, mas não vida atual. A vida somente existe no Universo e na multiplicidade, visto que constitui um processo tempo-espacial. O Universo é o termo médio entre Deus e o homem; é o campo onde a vida torna-se possível. O homem se faz Deus no Universo, e Deus se faz homem no Universo. No fim, Deus *(como pessoa – ver cap. VI)* se conhece como indivíduo, e o homem se conhece como Deus *(como universal).* Ambos se conhecem como idênticos em sua diversidade e em sua unidade.

Eternidade e existência

A eternidade é o mundo dos possíveis, que é estático e sem movimento. Num certo sentido, é o mundo do Ser ou das Idéias platônicas. A Criação constitui o mundo do devir, do vir-a-ser *(e, por isso, do ser enquanto existência)*, do trânsito do possível em real, ou da efetivação existencial dessas possibilidades. Esse vir-a-ser pode ser entendido como vida, existência. Dessa perspectiva, a vida é o resultado da comunhão ou fusão entre as Idéias, consideradas como arquétipos ou modelos de existência meramente possíveis, e o espaço, como o pressuposto material ou receptáculo universal dessas formas.

2 – Autoconsciência e existência

Podemos dizer, de certo modo, que enquanto o homem não se torna consciente de si mesmo, ele não "existe" verdadeiramente; é simplesmente uma coisa que vive, mas que não sabe, de fato, que existe. Parodiando Schopenhauer quando fala da morte, diríamos que o ser humano comum tem apenas uma consciência intelectual, não uma consciência real da vida. Ele somente começa a existir no momento em que se percebe existindo; que se encontra consigo mesmo numa relação de estranheza, de novidade e de espanto, sensação esta que, segundo Aristóteles, leva o homem a filosofar.

Como ser perceptivo, meramente consciente, mas não autoconsciente, o ser humano é uma simples possibilidade de reação ao seu ambiente *(interno e externo)*, reação esta baseada em padrões de pensamento aprendidos e de comportamentos instintivos herdados. O advento da autoconsciência confere-lhe algo muito mais forte e radical. Quando "acontece", porque é um acontecimento na estrutura de seu ser, tem o efeito peculiar de momentaneamente negar seu conhecimento habitual ou tradicional. Isso ocorre porque, ao tornar-se autoconsciente e, por conseqüência, cobrar uma consciência mais intensa da realidade interna e externa, toda a carga das estruturas conceituais enraizadas em sua mente perdem a força e a presença que antes possuíam; tornam-se momentaneamente esvaziadas. Tudo aquilo que era conhecido – *a sua visão de mundo* – é também momentaneamente dissolvido e relativizado, perdendo sua estabilidade e rigidez. É esse precisamente o começo da sabedoria, pois somente em tal situação torna-se possível o aprendizado, posto que, negando o saber antigo, abrimo-nos para um novo saber e uma nova compreensão. A partir daí o homem começa a construir seu próprio conhecimento das coisas e de si mesmo e, assim fazendo, passa a determinar, num sentido elevado, o seu próprio destino.

O conhecimento tomado em si mesmo é um jogo de conceitos, um conjunto de regras, que são estáticos. Os conceitos são como um substituto da consciência ou a consciência cristalizada, o resto que remanesce de uma compreensão. Constituem um depositário que abstrai da essência da consciência o seu puro caráter afectivo *(de afecção)*, para fixar numa estrutura universal e esquemática o que se atingiu mediante uma pura sensação consciente e refletida. Por isso a vivência da consciência nunca é captada pelo conceito, não existe nele, ainda que este possua um poder evocador, capaz de provocar na mente um estado de semelhança àquele ao qual deve seu nascimento.

A compreensão, que só pode existir quando há autoconsciência é, no entanto, algo vivo e está fundamentada na consciência do presente e do dinamismo da existência. A autoconsciência dá ao homem o senso *(e o saber)* da própria existência e da existência das coisas num plano muito mais profundo, que é sentido como um "despertar", uma vez que todas as coisas ganham, para ele, uma realidade que não possuíam antes. O indivíduo ingressa, quando essa autoconsciência é plena, naquilo que os grandes místicos denominam de "eterno presente"; a realidade viva, pulsante e infinita.

A autopercepção e a autoconsciência atual *(o estar no momento presente)* constituem uma afirmação absoluta de identidade e de existência; e é nessa afirmação de si, em que a consciência se percebe como vacuidade essencial, como possibilidade de ser qualquer coisa, de fazer qualquer coisa, de liberdade infinita, que se torna possível construir o ato livre. O eu chega ao vazio, que é um estado positivo *(porque é plenitude de possibilidades, de poder ser...)*.

Todavia, tal positividade nasce do seio da própria negatividade da consciência, quando esta deixa de se identificar com seus conteúdos e passa a negar todo conhecimento existente, todo saber cristalizado, negação pela qual se afirma a própria vontade consciente do indivíduo. Ao acordar para si e manter-se em tal estado, este consolida os fundamentos da liberdade e, portanto, da possibilidade de ser e de construir sua essência. Por isso Sartre, nesse ponto([1]), acertou, ainda que exagerando, ao dizer que o homem é pura liberdade([2]), o que constitui um gigantesco desafio; o desafio de construir e consolidar progressivamente sua individualidade, sua pessoa, de forma determinante e aberta, a partir do vazio indeterminado da consciência. O homem é, de fato, uma "obra" aberta *(que se faz a si mesma, autocriadora)*, essencialmente inacabada, ilimitada, destinada ao infinito, sempre por se fazer, para cada vez Ser mais *(ou "existir" cada vez com mais intensidade e amplidão)*.

3 – Kierkegaard: o significado da existência individual

Para Kierkegaard *(1813-1855)*, o genial pensador dinamarquês, os dois modos verdadeiros e autênticos de ser são

([1]) Em outros aspectos Sartre está, acredito, fundamentalmente equivocado, sobretudo quando afirma que o homem é uma paixão inútil, a paixão fracassada de ser Deus.

([2]) J. P. SARTRE, ***L'être et le néant***, Gallimard, Paris, 1957, pp 44-45, in B. MONDIN, Quem é Deus?, Ed. Paulus, SP, 1997, p. 386.

Deus([3]) *(o infinito)* e os indivíduos *(a finitude).* Afirma que só o homem individual é "existente", que o simples abstrato não existe. O indivíduo constitui, pois, a categoria máxima de seu pensamento. Segundo ele, o homem não pode ser identificado com o pensamento puro, como quer Hegel, mas, ao contrário, é essencialmente concreto, vivo e individual, com suas experiências pessoais e sua consciência particular como ser finito e sensível.

Essas palavras supõem uma profunda percepção da realidade, a percepção de que a existência está intimamente ligada à sensação, que existência é sensação. Com efeito, no abstrato, no absoluto, não há sensação, apenas, e, no máximo, concepção, ideação. O abstrato e o absoluto não são vida, mas apenas projeto ou possibilidade de vida.

Em suas reflexões, Kierkegaard considera o problema da existência sob três pontos de vista: o estético, o moral e o religioso. Para passar de um estágio a outro é necessário uma escolha livre, que supõe um salto qualitativo de consciência.

O estágio estético, o primeiro deles, constitui o plano do puro gozo, da busca do prazer como objetivo em si. É o hedonismo como filosofia de vida. Mas o gozo é sempre passageiro e, depois de saciado, resta unicamente o tédio. E, por mais que o indivíduo busque distrair-se desse tédio, não o consegue eficazmente. Por isso o filósofo afirma que a essência dessa busca é o desespero, a melancolia e a "histeria do espírito".

Ao contrário do desespero do esteta, o desespero do filósofo, que representa o estágio moral, resulta do anseio do infinito. Ele não foge da verdade que o coloca no seio de uma existência que se afigura sem sentido. Seu desespero é profundo e aparentemente insolúvel, porque não acredita em nada que possa dar um sentido definitivo à existência. O fi-

---

([3]) Penso que há duas formas simultâneas de existência: uma, a existência da multiplicidade; a outra, a existência da unidade, que é Deus. A primeira, a existência exterior, do espaço-tempo e dos múltiplos fenômenos e processos. A última, a existência interior, da unidade onisciente e que tudo abrange. Deus é a existência infinita; o homem, a finita.

lósofo existencial não esconde seu desespero, mas vive nele. É precisamente em decorrência disso que se torna um ser moral ou ético.

Os conceitos de angústia, liberdade e infinitude desempenham um relevante papel na filosofia de Kierkegaard, para quem o homem é o ser "existencial" que sente angústia diante da liberdade de fazer o mal *(e o bem)*, sendo essa liberdade a consciência das possibilidades de ser e de fazer, que são por essência infinitas. A angústia do homem, da alma consciente, existe da parte do finito que contempla o infinito, e que, ao mesmo tempo que teme infinito, deseja-o. Assim, a consciência da finitude, em contraposição à consciência da infinitude, desencadeia uma atitude paradoxal e até certo ponto trágica: uma atração e uma repulsão. O infinito é Deus, com o qual estamos em constante relação pela consciência. A salvação está em mergulhar na infinitude, no abismo *de Deus* e de si mesmo, anelo que só a angústia pode proporcionar, pois o *"educado da angústia é educado para a possibilidade, e somente o educado pela possibilidade está educado para a sua infinitude"*. Contudo, a angústia parece nunca se extinguir porque o indivíduo, embora possa e deva comungar misticamente pela fé com o infinito, permanece na finitude como seu limite existencial radical. E como para Kierdegaard o indivíduo é a máxima riqueza, uma singularidade preciosa e única, não pode se dissolver num absoluto infinito, como quer Hegel, sem perder sua identidade e, portanto, aquilo que o faz ser tão especial. Assim, sua desesperação, no fundo, é uma desesperação de si mesmo, que está na essência do próprio espírito humano.

Kant nos diz também que o homem é um prisioneiro da existência, pois seu "eu" é eterno. Seu desespero está em *"querer desfazer-se de si mesmo"* e, ao mesmo tempo, *"querer desesperadamente ser si mesmo" (A Enfermidade Mortal ou do Desespero e do Pecado, p. 60)*. O desespero é, em síntese, uma rebeldia diante do eterno, pois o homem se dá conta que não pode escolher o não-ser; sobre isso não é livre. Em outros termos, há por parte do indivíduo o desespero daquele que quer ser si mesmo em detrimento do eterno e do absoluto que lhe dá sustento; que quer viver seu próprio ser desligado do poder que o fundamenta, ser seu próprio criador sem reconhecer qualquer poder superior, como o poder de Deus. Esse é o pecado do homem. Mas juntamente com esse impulso de afirmar-se, há no homem também o anseio de eternidade, de união com o Absoluto. Isso o torna um ser trágico, dilacerado por tendências antagônicas.

Há, porém, um estágio no processo de evolução ou maturação do indivíduo em que o problema fundamental passa a ser o da salvação pessoal; a libertação do mundo objetivo, de um mundo que começa a ser visto como ilusão, mentira e dor. Contudo, esse despertar para a verdadeira face da existência ocorre depois de um longo processo de dor e de sofrimento. O método é estritamente empírico. A teoria surge depois.

O existir desesperadamente diante de Deus, a que se refere Kierkegaard, é simplesmente existir, de um certo modo, esmagado por uma infinidade obscura; é viver diante de um abismo desconhecido que está sempre chamando, mas que parece sempre se afastar, que nunca é abarcado ou compreendido completamente. A medida desse "eu teológico" que está diante de Deus é o próprio Deus, que é infinito. Está-se diante do infinito com a consciência angustiada da própria finitude. Esse é o sentimento trágico da existência do homem teológico.

Todavia, se o pecado é o afirmar-se a si mesmo diante do divino, é pela fé que o homem se integra consciente e voluntariamente ao mistério de Deus, aceitando sua fundamentação, encontrando assim o caminho de sua salvação. Na fé a criatura, abandonando a razão, lança-se no abismo infinito *(a que chama de Deus),* abismo este que não pode compreender. Esse é o movimento de superação que acaba por erradicar o desespero, que está sempre ligado à inteligência e à consciência racional. A fé supõe, assim, um salto, cego, na escuridão, em direção a algo que não tem nenhum significado para a consciência racional, mas no qual ela vislumbra a infinitude, que é o fundamento de sua própria finitude. É, enfim, o jogar-se no eterno e no infinito, permanecendo finito e temporal; contudo, sem se desesperar e angustiar-se por isso. Num certo sentido, é uma fé irracional no absurdo, como a de Abraão que aceitou cumprir a ordem divina de sacrificar seu bem amado filho.

A fé, portanto, consiste numa resignação infinita diante do infinito e incognoscível, diante do aparente absurdo da existência, finita e imperfeita. Eis por que para Kierkegaard o sofrimento constitui um elemento essencial do progresso religioso. Quanto mais sofrimento, mais intensa é a consciência religiosa, a vida interior e maior o anseio de encontrar a Deus.

A individualidade, como uma singularidade preciosa e única, é vista por Kierkgaard como a meta e o significado da existência. Por isso, embora afirmando que a vida é inquietação e tormento, Kierkegaard não propõe a supressão da consciência individual para ganhar a consciência do absoluto. O indivíduo, a pessoa, constitui um valor fundamental para a sua filosofia.

4 – O mal e a existência

Ao olharmos para a Natureza, verificamos que ela nos apresenta um quadro cruel. A cadeia alimentar, uma série praticamente interminável de animais devorando uns aos outros, é um exemplo claro disso. A vida humana, por sua vez, é marcada pela doença, pela velhice e pela morte, fatos que representam o mal físico da própria existência. De uma forma ou de outra, o mal relaciona-se com o fato de termos uma sensibilidade, uma consciência impreenchível e um corpo, fonte de intermináveis necessidades.

Era diante dessa realidade que Teógonis, Píndaro e Sófocles, os maiores poetas trágicos gregos, proclamavam que a maior ventura para os homens seria a de não nascerem, ou, uma vez nascidos, morrer o mais depressa possível. Tais pensadores aterrorizavam-se diante das aflições que caracterizam a vida humana e propunham como consolações a glória, que se alcança mediante a guerra, e os prazeres proporcionados pela riqueza.

O começo das religiões é marcado precisamente pela constatação da realidade do mal no Universo. É dai que surge o grande problema filosófico e teológico relativo à idéia de um Deus perfeito, onipotente e sumamente bom, como o Deus cristão, pois resulta extremamente problemático, senão impossível, conciliar a perfeição e bondade desse Ser com a imperfeição e crueldade do mundo que conhecemos.

Há quem afirme que a existência não deve ser atribuída a um Deus pessoal, mas que é fruto da ignorância da própria consciência individual *(como consciência da limitação e da privação e o conseqüente anseio de preenchimento).* Essa é a afirmação que está na base do budismo e é fruto de uma constatação direta da natureza impermanente e imperfeita do mundo material, ao qual o homem se apega com tanta paixão e equívoco.

Nesse contexto, do ponto de vista do homem comum e da humanidade como um todo, o bem parece ser simplesmente o alívio do sofrimento, o preenchimento de uma necessidade ou a satisfação de um desejo. Em todos os casos, constitui sempre algo negativo, ou seja, a negação de algo ruim, um alívio de um infortúnio. Por isso, para os budistas a solução para o problema da existência é a negação ou a superação da vontade de viver, de ter sensações e experiências nesse mundo fluido e passageiro. Isso leva o indivíduo a libertar-se da cadeia de necessidades e de causalidade que carateriza a existência, alcançando, assim, a completa libertação, o nirvana, e não mais renascendo. O mundo seria algo como a materialização de um sonho. A evolução da consciência deve fazer com que o próprio sonho acorde o sonhador e interrompa, para sempre, a ilusão e o pesadelo.

Para os *Rishis (sábios)* hindus também é a ignorância *(avidya)* metafísica acerca da existência a fonte de todo sofrimento. Segundo eles, é essa ignorância que reforça a lei de causa e efeito, ignorância que é a fonte do ciclo interminável das reencarnações *(*a roda de *samsara)*. É a fórmula *avydia-karman-samsara*, ou seja, ignorância, que cria as relações de causa e efeito na vida do indivíduo e que o conduz à prisão da existência e ao ciclo de reencarnações. Quando a ignorância cessa, o indivíduo liberta-se da ilusão da separatividade e torna-se, por assim dizer, uno com o "espírito" do Universo.

a) Dostoievski e o problema do mal

Conciliar a presença irrefutável do mal no mundo com a bondade de Deus é o questionamento e o problema fundamental que encontramos, do início ao fim, na obra-prima de Dostoievski, Os "irmãos Karamazovi". Ivã assim se refere a tal problema:

> *"Imagina que, em definitivo, esse mundo de Deus, eu não o aceito e, embora saiba que ele existe, não o admito. Não é Deus que repilo, nota bem, mas a Criação; eis o que me recuso a admitir".*

E adiante continua:

> *"Se todos devem sofrer, a fim de concorrer com seu sofrimento para a harmonia eterna, qual o papel das crianças? Não se compreende por que deveriam sofrer, também elas, em nome da harmonia"...Enquanto ainda é tempo, recuso-me a aceitar essa harmonia superior. Acho que não vale ela uma lágrima de criança, daquela pequenina vítima que batia no peito e rezava ao 'bom Deus', no seu canto infecto; não as vale, porque aquelas lágrimas não foram redimidas".*

Essa questão atormentava o espírito de Dostoievski, que coloca na boca de Ivã, que acredita em Deus, a revolta sentida pelo fato de o Ser Supremo permitir tanto sofrimento na vida de quem não tinha, aparentemente, nem mesmo culpa alguma, como as crianças. Ivã desabafa, nesse mesmo diálogo com Aliocha: *"quero o perdão, o beijo universal, a supressão do sofrimento"*. Somente assim, para ele, a existência do Universo teria algum sentido.

O que ele pede é apenas bondade, lucidez, perdão para aqueles que pecaram, que infligiram sofrimento a outrem, porque seu sofrimento não contribuirá em nada para aliviar o sofrimento que produziram; quer, enfim, a supressão do sofrimento, pois nada o justifica, nem mesmo a evolução em direção à verdade e à felicidade absolutas. Pois, se esse é o preço da verdade e da felicidade, ele não vale o sofrimento para atingi-las.

É justamente isso o que Ivã quer mostrar a seu irmão Aliocha ao afirmar que, se todo o bem-estar da humanidade, se toda sua futura e definitiva paz e felicidade tivesse como pressuposto o sofrimento e o sangue de uma única criança inocente, tal felicidade não seria digna, não valeria a pena, não seria justa.

Parece, então, que os fatos da vida e do mundo não se harmonizam com a existência de um Deus todo-poderoso e infinitamente bom; combinam, no entanto, com a idéia de um Deus que evolui constantemente por meio dos indivíduos.

Na verdade, não podemos pensar Deus sem o indivíduo, porque Deus pessoal somente pode "estar" e "ser" plenamente em sua Criação por intermédio dos indivíduos. Sendo assim, toda obra de redenção, de purificação e de erradicação do sofrimento, será sempre uma tarefa do próprio homem. A ele compete a missão de criar um mundo melhor daquele que lhe foi dado.

Sob tal ótica, o que predomina no princípio Criador de Deus é o egoísmo, enquanto o que predominará no Seu princípio evolutivo, que é o homem, deverá ser o altruísmo. Isso quer dizer que as qualidades potenciais da divindade devem-se realizar plenamente na humanidade submetida à existência material.

b) Dor e existência – o significado metafísico da dor

Podemos dizer que o sofrimento do homem tem uma quádrupla raiz: sensível, emocional, mental e espiritual. Desse modo, há um sofrimento sensível *(a dor física)*, um sofrimento emocional *(a paixão ou dor emocional)*, um sofrimento mental *(frustração etc)* e um sofrimento espiritual *(anseio do absoluto não atingido)*.

A existência do homem no tempo e no espaço é a vivência ou o conhecimento desses sofrimentos. Com exceção do sofrimento sensível, os outros caracterizam-se sempre pela restrição ou limitação que, num certo sentido, identifica-se com a impotência inerente à própria existência física tempo-espacial do ser humano. Tal impotência manifesta-se pela desproporção entre o seu querer e a sua capacidade de ser e de realizar; ou seja, pela incomensurabilidade entre o que quer e o que pode de fato obter ou fazer.

Como ser vivo o homem é o animal que mais pode sofrer, pois além da mera dor física ele sente a ansiedade e a angústia que a ela se relaciona. A própria análise e avaliação da dor, pelo neocórtex, magnifica a intensidade do sofrimento. Do ponto de vista psicológico, este relaciona-se, sempre, a uma perda, a uma contrariedade, a uma insuficiência ou a um limite que se torna intolerável. E isso requer o envolvimento da razão ou da inteligência, posto que só pode haver perda ou limite para a consciência que sente e compreende essa perda e esse limite.

Como criação de Deus, o homem é, num certo sentido, esse mesmo Deus sujeito às peculiares restrições do modo humano de ser. É Deus crucificado no tempo e no espaço. O porquê de a divindade se submeter a isso é um mistério. Pode-se supor que se deva a uma necessidade, ou vontade, de experimentar os estados de consciência decorrentes das infinitas possibilidades de Ser que de Si decorrem. Todas elas, assinale-se, limitantes e restritivas e possíveis unicamente por meio dos indivíduos.

Talvez seja impossível, sem vivenciar ou experimentar os limites e restrições do plano material *(tempo-espacial)*, usufruir com toda a intensidade possível, do prazer e da sensação de liberdade de planos mais elevados de consciência *(de onde o ser sai para vivenciar experiência e retorna ou pode retornar)*. O contraste proporcionado pela experiência do limite aumentaria o gozo existencial daquele que experimentou o menos e volta ao mais, daquele que experimentou o limite e a restrição e volta ao que é ilimitado e irrestrito([4]). Ou seja, haveria um aumento do prazer por contraste. Faltaria a Deus ou ao Absoluto precisamente a consciência do menos, do contraste, a referência, para gozar a plenitude da sua condição. Faltaria a experiência da fragmentação e da multiplicidade para poder gozar a experiência da unidade e da integração.

Nesse sentido, não há maior intensidade de sensação e fragmentação individuante, pontual, do que a vivência da dor física. Nela há uma solidão existencial absoluta. Quando ocorre uma experiência dolorosa, tudo vira dor, tudo é dor. A consciência e o Universo transformam-se em dor para o indivíduo. O mesmo se pode dizer do sofrimento emocional, da angústia, da ansiedade e da depressão.

No prazer sexual *(e dos sentidos em geral)*, há também essa intensificação da consciência *(ou da autoconsciência)*. Todavia, de acordo com a experiência comum de todos nós, o desconforto da dor, sua intensidade, parece superar em muito o gozo do prazer. Daí se dizer que a dor física é o limite da experiência da fragmentação, e do sentido de separação, da consciência e da existência divinas. Por isso a dor é uma experiência de suma importância, visto que aguça a consciência

([4]) Machado de Assis diz, em *Memórias Póstumas de Brás Cubas*, que *"a vida não vale mais que um par de botas apertadas"*, porque *"fazendo doer os pés dão azo ao prazer de as descalçar"*.

individual([5]). De uma certa maneira, essa experiência consolida a individualidade – *assim como os demais sofrimentos, que põem o homem face a face com seu isolamento existencial* –, por proporcionar momentos de aguda autoconsciência pontual. O mesmo se pode dizer do prazer intenso; ambos somente possíveis no plano material, no mundo da fragmentação da unidade e da aparente separatividade([6]).

Todavia, a própria dor conduz o indivíduo consciente a romper os limites estreitos de sua individualidade por compreender que a ilusão da separatividade é que gera o sofrimento. O que o leva à compaixão e à busca da unidade com o absoluto. Por isso, o sofrimento é também o instrumento que nos leva, agora com plena consciência, de volta à unidade perdida.

Há um estágio, entretanto, em que, ultrapassado o sofrimento, e na via de retorno à unidade, o prazer torna-se muito intenso, como o sentimento oceânico ou consciência cósmica *(samadhi, iluminação etc)*, e os denominados estados de êxtase nos quais se vivência a unidade, o poder e a integração. Nesse momento o prazer e a alegria passam a ser um grande estímulo de impulso espiritual. É quando o homem compreende que o prazer e a alegria são os objetivos fundamentais da Criação, ocasião em que Deus passa a ser amado e não mais negado ou temido como antes.

([5]) No sofrimento, experimentamos uma redução ou restrição. No prazer, ao contrário, sentimos uma expansão. Daí por que a atividade criativa é prazerosa. Isso vale tanto para o homem quanto para Deus.

([6]) É como se o espírito eterno do indivíduo – *Deus* – precisasse viver a ilusão para vê-la como ilusão e retornar a seu estado de plenitude. A alegria é o objetivo da Criação. Deus, por meio do indivíduo, ganharia com a experiência no mundo fenomênico *(em que a consciência experimenta o limite e a necessidade)*, a "emoção" da alegria ao voltar ao que "é", à plenitude de Ser, que não está preso a nenhuma necessidade.

individual(*). De uma certa maneira, essa experiência consolida a individualidade — assim como os demais sofrimentos, que põem o homem face a face com seu isolamento existencial —, por proporcionar momentos de aguda autoconsciência pontual. O mesmo se pode dizer do prazer intenso; ambos somente possíveis no plano material — o mundo da fragmentação da unidade e da aparente separatividade(**).

Todavia, a própria dor conduz o indivíduo consciente a romper os limites estreitos de sua individualidade por compreender que a ilusão da separatividade é que causa o sofrimento. É que o leva à compaixão e à busca da unidade com o absoluto. Por isso, o sofrimento é também o instrumento que nos leva, como com plena consciência, de volta à unidade perdida.

Há um estado, entretanto, em que, ultrapassado o sofrimento, e na via de retorno à unidade, o prazer torna-se muito intenso, como o sentimento oceânico ou consciência cósmica (*samadhi, iluminação etc.*) e os denominados estados de êxtase nos quais se vivencia a unidade, o poder e a integração. Nesse momento o prazer e a alegria passam a ser um grande estímulo de impulso espiritual. E quando o homem compreende que o prazer e a alegria são os objetivos fundamentais da Criação, ocasião em que Deus passa a ser amado e não mais negado ou temido como antes.

(*) No sofrimento, experimentamos uma redução ou restrição. No prazer, ao contrário, sentimos uma expansão. Daí por que a atividade criativa é prazerosa. Isso vale tanto para o homem quanto para Deus.

(**) É como se o (?) eterno do indivíduo — Deus — precisasse viver a ilusão para vê-la como ilusão e retornar a seu estado de plenitude. A alegria é o objetivo da Criação. Deus, por meio do indivíduo, ganharia com a experiência no mundo fenomênico (em que a consciência experimenta o limite e a necessidade) a "emoção" da alegria ao voltar ao que "é", à plenitude do ser, que não está presa a nenhuma necessidade.

❑ Capítulo VI

Deus e a Criação

Em princípio a Criação ou a existência do Universo material têm apenas duas possíveis explicações, que são aparentemente inconciliáveis: ou foi resultado do acaso, uma irrupção energética e aleatória de um caos eterno de infinita energia, ou gerada por uma vontade-consciência preexistente e toda-poderosa.

Todavia, se pensarmos o impulso que detona o processo criativo como uma daquelas possibilidades infinitas do Nada-Tudo ou do Absoluto ([1]), então a Criação não será o resultado nem puramente do acaso, nem tampouco gerada unicamente por uma vontade criadora preexistente. Será conseqüência de uma consciência que constitui a primeira possibilidade, na ordem lógica, decorrente das possibilidades infinitas do Nada. Essa consciência é, na verdade, um simples vazio, um vazio **senciente.** É a consciência de um Nada que pode ser Tudo e, por isso mesmo, consciência ou **sensação de uma unidade onipotente.** É o próprio vazio que sente a

---

([1]) Talvez seja melhor chamar esse Tudo-Nada, o Vazio, o Nada, de Absoluto. A "pessoalidade" só é possível se houver três coisas em ato. Um Eu, um Outro e a relação entre Eles. Deus, homem e Universo. Pai, Filho e Espírito Santo. Sujeito, objeto e conhecimento.

si mesmo. E tal sensação conduz ao **segundo momento** ou segunda possibilidade: *a vontade de ser alguma coisa*, cuja realização dá nascimento ao **terceiro momento** ***(o da Criação)***, onde espaço e tempo, e a matéria-energia, passam a existir. Esses momentos([2]) são momentos lógicos, não temporais.

Em outras palavras, a Criação do Universo, em última instância, não é puramente acaso. Resulta do fato de que toda possibilidade tende a se realizar, visto que o vazio, o puramente indeterminado, é instável e sempre tende a "ser" alguma coisa, a determinar-se. E a primeira possibilidade é exatamente a própria consciência([3]), como vazio autorefletido – o auto-reflexo desse mesmo Nada-Tudo, com a infinidade de suas possibilidades.

É somente a partir de um impulso natural para determinar-se, que nasce no indeterminado vazio autoconsciente, que o Universo([4]) e seus eventos podem tomar lugar na realidade material ou espaço-temporal([5]).

([2]) Lançando mão da terminologia cristã, pode-se dizer que há, assim, três momentos *(que se interpenetram)* no processo da Criação. Vontade e ideação *(Pai)*, planejamento e execução *(Filho)* e efetivação ou realização *(Espírito Santo – realidade criada e dinamizada)*.

([3]) A consciência constitui uma necessidade lógica, mas o Universo, a partir dela, é resultado da escolha, da liberdade intrínseca de toda consciência. Há infinitas consciências e infinitas realidades subjetivas e objetivas *(Universos)*.

([4]) Um Universo é sempre obra de um Demiurgo, mas a consciência do Demiurgo e de suas criaturas é uma só. É uma possibilidade sempre atualizada do Nada-Tudo ou do Absoluto. Na verdade, há somente uma consciência, mas podem haver infinitos Criadores e infinitas criaturas. Todavia, o vazio ou a indeterminação fundamental da consciência, de qualquer consciência, é um só. Assim, num certo sentido, deve haver um Deus Absoluto Coletivo *(a consciência absoluta originária)*, que é a soma de todas as experiências.

([5]) Talvez se possa dizer que enquanto o tempo representa a manifestação *(na consciência ou no espaço)* do fluxo linear e interminável das possibilidades, o espaço é o "lugar" da realização concreta dessas possibilidades. Por isso a realidade é sempre mutável e impermanente. Tudo o que há no espaço está sempre mudando, porque as possibilidades estão incessantemente fluindo. Nada permanece o mesmo no espaço, nem a própria consciência das criaturas, que é uma forma de espaço: o espaço do espírito ou da

Da mesma forma, como a consciência auto-refletida nasce por necessidade lógica do Nada-Tudo, assim também aparece o primeiro oposto do vazio, da inerente indeterminação da consciência: o ponto infinitamente concentrado de energia, que é puro movimento. É a irrupção do totalmente outro *(da dualidade e do fundamento de todo contraste, dicotomia e polaridade: luz, sombra, grande, pequeno etc).* Precisamente nesse ponto, com o aparecimento da dualidade, o acaso, o qual é produto da instabilidade do vazio, desempenha seu papel.

O acaso([6]), aquilo que não é governado por nenhuma regra ou lei, constitui, na realidade, a fonte de toda novidade, **o princípio do impulso que está na origem da vontade e do pensamento,** que permite à consciência converter *uma superabundância indeterminada e incessante de impulsos aleatórios do próprio vazio da consciência una,* em estrutura, em realidade conceitual ou material, realidade pensada ou realidade manifestada([7]). O uso do acaso é uma maneira, a única maneira, divina e humana de criar, isto é, de converter o possível em real. É a utilização da inesgotável e caótica irrupção do vazio *(de sua instabilidade quântica fundamental),* fonte de energia sem fim *(positiva e negativa, cuja soma é zero),* para a materialização de realidades. De fato, nunca sabemos, nem poderemos saber, qual será o nosso próximo pensamento *(apenas podemos evitar de pensar em muitas*

---

alma. O **presente** seria o momento senciente da consciência, que pode sentir dor, prazer e alegria. Todavia, no âmbito do Universo criado, quando nasce em seu seio a autoconsciência pessoal *(o indivíduo autoconsciente),* um conjunto de possibilidades já está dado, ou já foi pensado pela mente ou consciência de Deus. Nesse caso, **não é o tempo que flui e se movimenta; é nossa consciência (*a consciência da criatura)* ou o foco de sua consciência que se desloca de uma possibilidade para outra, ativando-as.**

([6]) O acaso também pode ser definido como *"indeterminação quântica ou ontológica fundamental".*

([7]) Esta última somente é possível, como veremos adiante, com a fragmentação da unidade; mediante a multiplicidade de consciências – as criaturas.

coisas), nosso próximo desejo([8]) ou vontade, o que vale para toda consciência capaz de pensar, incluindo Deus. É esse o motivo pelo qual, num certo sentido a Criação é uma aventura no desconhecido. Há nela sempre um fator de indeterminação, de imprevisibilidade, de obscuridade.

Todos os Universos, Demiurgos e criaturas resultam do incessante jogo entre esses contrários, ou seja, entre aquilo que não é nada e pode ser tudo, a forma ou modelo de tudo, e aquilo que é uma pura disponibilidade para gerar determinações – a energia-matéria. Um *Big Bang* seria o começo de uma relação que subitamente tem início; uma semente de um Universo fecundando a infinita energia([9]). O tempo e o espaço nasceriam neste exato momento([10]). De um ponto, o espaço; e do momento da fecundação, o processo do tempo *(o tempo linear como o conhecemos).* Por isso não é correto afirmar que Deus, enquanto pessoa, enquanto ser autoconsciente e ordenador de um Universo, existe por si mesmo *(é **causa sui**)* e constitui o fundamento último da Criação. A Criação tem por fundamento o Absoluto, o Nada, e a tendência natural da eterna e interminável passagem do possível ao

---

([8]) A liberdade é isso; escolher entre dar expressão, manifestar ou não aquilo que pensamos, que surgiu em nossa consciência.

([9]) Em outras palavras, a singularidade que precede o *Big Bang* pode ser comparada a uma semente cósmica, um ponto de luz que contém o pensamento divino como programa *(como Idéia, no sentido platônico)* de um Universo. E este desenvolver-se-á retirando do útero do espaço incriado *(o vazio quântico que contém uma possibilidade de energia infinita)* a matéria prima, o alimento, para seu desenvolvimento, que produzirá no espaço a matéria evolutiva, com a combinação ou recepção do espírito e da forma contidos na ideação cósmica. Cada planeta, cada sol, cada galáxia, foi também uma semente que fecundou o espaço *(o vazio),* a matéria prototípica, a matéria-potência, que contém todas as possibilidades de ser e de existir. Nesse caso, Deus é determinante, enquanto o espaço, a matéria, é indeterminada, mas determinável. Embora indeterminado, Deus é princípio de determinação, enquanto o espaço, fundamento de toda a matéria, ainda que sempre determinável, é princípio de indeterminação.

([10]) Santo Agostinho, em suas *Confissões,* já afirmava que tempo e espaço aparecem no momento da Criação; que não há um tempo "antes", nem um espaço anterior à Criação divina, que Deus tira do Nada (*ex nihilo).*

existente, por meio da consciência. E os meios, os caminhos, são infinitos. Daí a intrínseca liberdade e indeterminação do processo criativo.

Na verdade, não é que Deus tenha criado o mundo do Nada; ao contrário, o Nada engendra Deus *(a consciência original absoluta)* e os possíveis por absoluta necessidade. A consciência ou a autoconsciência do Tudo-Nada é a única possibilidade eternamente atual, visto que ela, a consciência em si mesma, não é nada; é pura indeterminação. É um Nada autoconsciente; uma consciência una e pré-pessoal, co-eterna a esse absoluto Nada e às suas possibilidades. Conforme mencionado, as possibilidades de existir são apenas possibilidades vazias. Somente quando pensadas é que ganham um impulso para a existência, porque é preciso que tais realidades primeiro sejam concebidas, imaginadas, mentalizadas, elaboradas na forma de Idéias, que constituem "programas" de criação, sementes de eventos e de Universos.

Em outros termos, antes da manifestação concreta e física é necessária a criação de realidades abstratas e de formas potenciais *(algo como as Idéias platônicas)*. E é pelo tempo *(que representa o processo de passagem de uma possibilidade a outra)* e no espaço (*que abriga um multiplicidade de eventos ou de possibilidades presentes e simultâneas)* que é possível atualizar as possibilidades que existem em potencialidade no Absoluto. O tempo linear de nossa dimensão, e de nossa consciência, constitui o mundo onde essas possibilidades ainda não existentes terão condição de "existir", de ser *(ser aqui tem o significado "ser objeto para uma consciência", ser um "outro" que não essa mesma consciência, enfim, a alteridade)*.

Há, na verdade, como mencionado, uma compulsão, uma necessidade da consciência originária *(o que vale para todo ser autoconsciente)* em criar, à medida que essa consciência vazia é também uma vontade de ser, de sentir. E para ser([11]) é preciso criar, e, criando, criar-se mediante a vivência

([11]) Para a mística judaica toda Criação é, num certo sentido, uma "diminuição", uma contração da unidade potencial da consciência originária em e pela experiência. Por isso Deus não pode abster-se de criar. Ele o faz por necessidade, porque para "ser" Ele tem de expandir-se, no sentido de experimentar suas possibilidades; as possibilidades infinitas de sua consciência. E é precisamente o acaso *(cujo fundamento é o Absoluto)*, como fonte inesgotável e permanente de instabilidade, que confere energia e impulso ao pensamento divino. A escolha, o sim *(o que criar)* ou o não *(decisão do que não criar)*, daquilo que é pensado, constitui, no entanto, um ato de absoluta liberdade.

Para criar, o espírito direciona-se à matéria e nela infunde suas formas ou, numa linguagem simbólica, o Pai, espírito pleno de energia atuante, de formas infinitas, atraído pela Mãe-matéria *(potência infinita passiva)*, fecunda-a para dar surgimento à vida do e no Universo. São dois Nadas que se encontram. Enquanto o espírito não fecunda a matéria *(que é o outro de Si)*, o Universo não existe; é apenas possibilidade. Da mesma forma, a matéria-energia. Enquanto não é *in-formada* e animada pelo fogo do espírito, é apenas potência de existir. A vida é a conjunção da Idéia, que está na mente de Deus, como possibilidade, com a matéria-energia, a matriz receptora e animadora das formas do pensamento divino. Daí surge o movimento, a pulsação e a sensação, enfim, a vida.

É importante assinalar que a noção de que o Nada, ou o Vazio, é fonte de energia – *e de energia inesgotável* – está perfeitamente de acordo com o esquema básico de pensamento inerente à mecânica quântica. A idéia de que há infinitos estados de energia negativa e positiva, e sobretudo a especulação de que um estado neutro de energia *(o vazio)*, mediante uma flutuação quântica decorrente da instabilidade do vazio, do princípio de indeterminação de Heisenberg, pode

---

"alguma coisa" limitada. É o conceito de "Tzimtzum" da Cabala. ***"The Tzimtzum and resulting vacated space or negative space mean that God constricted His infinite perfection and created a concept of lack or darkness witch would allow a place for man's free will and accomplishment"*** *(Rabbi Aryeh Kaplan,* Innerspace, p. 221, Jerusalém, 1991, editado por Abraham Sutton).

dar nascimento a uma grande onda de energia positiva e outra negativa (*cuja soma seja zero*), é uma cogitação que hoje tem sido seriamente considerada pelos físicos teóricos mais representativos da atualidade *(Stephen Hawking, Roger Penrouse, Alan Guth, Paul Davies, John Gribbin, Heinz Pagels e muitos outros).* A hipótese de que o Universo surgiu do Nada, a partir de uma simples oscilação ou perturbação do vazio([12]),

---

([12]) Do Vazio, do Nada resultam estados infinitos de energia positiva contrabalançada, por determinado tempo, por infinitos estados de energia negativa *(aí está a dualidade de tudo o que "existe" – tudo tem sua contraparte; toda realidade é em sua totalidade* dual*).* Todos esses estados tendem sempre a se anular. Por isso o Universo, toda Criação, é uma aventura no tempo. **Impulsos incessantes desencadeiam a formação de Universos – é o princípio da inflação cósmica.** Diz **Paul Davies** a esse respeito em seu livro *Superforça* (Ed. Gradiva, Lisboa, 1984, p. 282 e seguintes): *"**Segundo a teoria inflacionária, o Universo teve o seu início num estado de vácuo, desprovido tanto de matéria como de radiação**...Segundo a teoria inflacionária, o Universo veio do vácuo quântico...Segundo a teoria, o Universo começou por ter energia essencialmente nula, tendo sido capaz de a engendrar nos primeiros 10 elevado a menos 32 segundos. A chave deste milagre está em que a lei da conservação da energia não se aplica, no seu sentido habitual, a um Universo em expansão....Ao expandir-se, um fluido comum realiza trabalho à custa da sua energia interna, que assim diminui. É o que se passa com um gás vulgar. Contrastando nitidamente com esta imagem está a repulsão cósmica, que se comporta como se de um fluido com pressão negativa se tratasse. A energia de um tal fluido aumenta à medida que ele se expande, em vez de diminuir...O vácuo, com a sua insólita pressão negativa, parece capaz de feitos incríveis: por um lado, produz uma poderosa força repulsiva, responsável pela sua própria expansão acelerada; por outro lado, é essa mesma expansão que lhe fornece energia em quantidades crescentes. **Fundamentalmente, o vácuo engendra enormes quantidades de energia." "Como já fizemos notar, só há muito pouco tempo a convicção de que do Nada nada pode vir foi alvo de contestação. A 'Criação a partir do Nada' aproxima-se do conceito teológico de Criação ex nihilo...num sentido ou no outro o Nada é instável...No cerne de todas estas conjecturas está o fator quântico. Como vimos no capítulo 2, o ponto-chave da física quântica é a quebra da ligação causa-efeito (292-293)...No princípio, o Universo irrompeu espontaneamente a partir do Nada. Bolhas de espaço vazio elevaram-se no seio da efervescência quântica disforme, dilatandose cada vez mais depressa e criando quantidades colossais de energia a partir do Nada. O falso vácuo assim engendrado a partir da ener-***

foi pela primeira vez sugerida pelo físico americano Edward Tryon em 1969, conforme assinala Richard Morris em seu excelente livro *Achilles in the Quantum Universe, the definitive history of infinity,* (Henry Holt and Company, Nova Iorque, 1997, p. 186).

Feitas essas considerações, pode-se dizer que como Nada, como Absoluto, Deus não é ser, mas pura possibilidade de ser. E para ser, o Absoluto, que é infinito, requer uma absoluta realidade que também nunca "é", no sentido da completude e da totalidade, mas que sempre vem a ser: o puro dinamismo incessante da energia, que dá nascimento ao mundo, que, por sua vez, é puro devir, tudo em permanente transformação.

Nada e Tudo são conceitos correlativos. O Nada, enquanto absoluta indeterminação, é a pura possibilidade de Tudo. Contém em potência, como germe, todo o possível. A consciência de Deus *(e da criatura)* é o meio pelo qual esse Tudo vai sendo retirado do Nada e chamado à existência. E embora Deus e Universo sejam eternos, as circunstâncias do mundo são efêmeras e contingentes; e únicas em sua realidade. Com efeito, cada fenômeno que compõe o Universo é singular em si mesmo, de tal modo que o mundo pode ser entendido como algo permanente constituído de singularidades fugazes e inesgotáveis, e em constante mutação, em virtude da oposição e da dualidade intrínsecas às coisas. Tudo o que acontece é novidade, enquanto experiência da consciência, mas antes de ser experienciado é, primeiramente, conhecido como uma possibilidade dessa consciência.

Dissemos que todas as coisas, todas as oposições, estão contidas no Absoluto. Essa é a razão pela qual a dualidade vem à existência no processo da Criação. Não só a luz, como

---

***gia autocriada* era instável e começou a decair, liberando energia sob a forma de calor e enchendo cada bolha com uma bola de fogo. Cessou então a inflação e principiou o Big Bang. Era o instante T= 10 elevado a –32 s. Da bola de fogo vieram toda a matéria e todas as estruturas físicas."**

a sombra; não só o amor unificante e integrador, como a diferença e a multiplicidade desagregadora e diversificada. Para criar, Deus, a consciência originária, que é vazia e ainda não tem vida, tem necessariamente de expressar "contraste", polaridades, oposições, que existem como potência ou possibilidade no Absoluto Tudo-Nada. Para sentir-Se, para experimentar-Se e experimentar os variados e infinitos estados de ser, de sentir e de existir, Deus cria o outro de Si *(a alteridade extraída de Si mesmo enquanto potencial infinito)*, fragmentando-se em sua unidade intrínseca. Daí por que a Criação no tempo e no espaço é dinâmica, pois feita de contrastes e de oposições que se superam, se cancelam e se desenvolvem indefinidamente. Assim, aquilo que é "potência" no espírito de Deus pode converter-se em atualidade e em realidade no palco do mundo.

Enquanto seres individualizados no espaço e no tempo([13]), somos possibilidades *pensadas* pela consciência de Deus, e, como tal, nossa existência é também relativa e dependente como qualquer outro fenômeno do Universo. Todavia, quando afastamo-nos da exterioridade fragmentada e dividida do mundo, alcançando a unidade inquebrantável da vida interior, da consciência cósmica, nossa individualidade, ao mesmo tempo que se consolida como realidade, expande-se, aprofunda-se e *complexifica-se* na perfeita consciência da unidade intrínseca de todas as coisas. É o momento em que consciência individual e universal se identificam, e em que aquilo que era uma possibilidade atualizada – *um indivíduo*

([13]) Espaço e tempo constituem precisamente princípios de individuação e singularização. No espaço, as coisas são múltiplas e, no tempo, são sucessivas. Há basicamente duas formas de diferenciação. No espaço, a diversidade é ontológica, visto que "duas" coisas ou objetos são seres diferentes. No tempo, a diversidade refere-se à situação da própria coisa. É uma diferença de expressão das coisas, posto que estas nunca são inteiramente iguais em dois momentos do tempo. Algo sempre se modifica, nem que seja a posição de um elétron. O tempo, assim, constitui o princípio de evolução e de sucessão ou atualização de potência.

autoconsciente – transforma-se em realidade concretizada e eterna – o que é talvez o que Hegel denomina de "espírito absoluto": a consciência da Idéia universal realizada *(e percebida a si mesma)* pelo homem autoconsciente.

A consciência, no entanto, pode ser entendida como Universal apenas na forma, nunca no conteúdo, que é sempre individual, ou subjetiva, e pressupõe, por isso mesmo, a diferença. Esse é o paradoxo da consciência: ser universal na forma e subjetiva e individual no conteúdo. Deus é a forma que constitui o fundamento de toda e qualquer consciência individual e pessoal, mas é uma forma em permanente relação com seu conteúdo, que é múltiplo e diversificado – os conteúdos particulares de cada uma das consciências individuais. Deus é a face estrutural da realidade, tanto como consciência quanto como vontade: consciência e vontade puras, sem conteúdo específico.

Precisamente por isso Deus e o homem, ou Deus e a criatura autoconsciente, mantêm um diálogo eterno, em que Deus se compreende como riqueza inesgotável mediante a multiplicidade de Si mesmo nos indivíduos, e o homem se compreende, na sua imensa variedade pessoal, como unidade divina. Um é o espelho do outro; um é o meio pelo qual o outro pólo pode conhecer a si mesmo, explorar-se, expandir-se e assimilar novas formas de compreensão e de sensação, a fim de intensificar e aprofundar as alternativas de vivenciar a alegria, o contentamento e a felicidade. Assim, Deus é refletido pelo homem, e o homem se conhece verdadeiramente quando descobre que intimamente é Deus, encoberto e disfarçado em indivíduo. O homem mostra para Deus que Ele pode ser muitos, e Deus mostra ao homem que, no fundo, ele é um só. De modo que Deus se conhece pelos indivíduos, e os indivíduos se conhecem "verdadeiramente" quando reconhecem que formam uma unidade orgânica, infinitamente diversificada em modos de perceber, de ser e de conhecer. Em outras palavras, o conhecimento de Deus é que Ele é um e, ao mesmo tempo, muitos. E o conhecimento do homem é que ele é múltiplo, mas também Um.

Deus e a criatura estão sempre em processo de autoconhecimento, e sua evolução, que ocorre no espaço e no tempo, tem um duplo caráter, à medida que se direciona rumo a uma interioridade mais profunda, bem como a uma exterioridade mais expandida e complexa. Uma no tempo, outra no espaço. Uma no sentido da intensidade e multiplicidade do sentir, outra na diversidade do existir, que dá expressão à interioridade da consciência. De modo que o arco de tensão entre interioridade e exterioridade vai sempre se expandindo e ao mesmo tempo se integrando em sínteses cada vez mais ricas, profundas e criativas. E tal realização somente é possível com o progresso da expressão da forma na matéria, que viabiliza a expansão da autoconsciência e da *seidade* de Deus. Por isso a vida e o Universo são uma experiência cósmica, uma eterna experiência que nunca tem fim, seguindo objetivos cada vez mais grandiosos, abrangentes e integradores.

A partir dessa perspectiva, Deus pode ser compreendido como uma incompletude, uma abertura infinita – *e uma insatisfação (ainda que cheia de alegria e contentamento)* – em busca eterna da satisfação e da completude, assim como as criaturas, de maneira que criatura e Criador constituem processos inseparáveis e complementares da aventura da existência e da evolução. Essa evolução acontece em todos os planos: no físico *(energia e matéria)*, no mental *(ou alma – pensamento e emoção)* e no espiritual *(vontade e possibilidade)*. No mental, são criados e desenvolvidos novos "significados" existenciais, novos conceitos, novas compreensões da existência e da realidade. No espiritual, as possibilidades, as formas eternas de tudo que é possível, são multiplicadas e desejadas. No físico, o programa da criação vem à existência para ser testado e, no emocional, novas e mais intensas formas de sentir são experimentadas.

a) Deus como pessoa ([14])

Considerado como pessoa, Deus é mais que espírito. É espírito atualizando-se e individualizando-se em suas potencialidades no tempo e no espaço pelas experiências e vivências das almas individuais; é ser consciente, autoconsciente, em direção a uma futura e mais atualizada onisciência e onipotência, sem nunca chegar a um limite. Nesse sentido, Deus representa o futuro *(as possibilidades de "ser" mais)*, o futuro que atrai o presente em sua direção, o grande "atrator" existencial([15]), enquanto o homem simboliza o eterno presente. Nessa imagem, o Universo – *o espaço onde se desenrola o jogo da Criação* – seria o passado, a base estrutural que vai sempre se modificando, agregando, por meio de potenciais convertidos em atualidade pela liberdade do homem.

Do ponto de vista da teologia cristã, de sua teogonia, Deus, que é Deus pessoal, tem uma atividade *ad intra* e outra *ad extra*. Esta última expressa-se como a Criação no espaço-tempo, enquanto a primeira denota a atividade interna e

---

([14]) Deus, como pessoa, não é uma entidade única. Não existe um Deus, mas Deuses. Quando falamos de Deus como sendo isso e aquilo, como tendo essa ou aquela característica, falamos de uma "condição", de qualidades intrínsecas ao estado de "divindade", e não de um Deus único e pessoal. Deus, nesse caso, é todo ser que pode "criar" vida do Nada, criar um Universo e nele habitar para extrair experiências, compreensão, sensações e regozijo. Todavia, podemos dizer que em seu aspecto impessoal, absoluto, Deus pode ser considerado como aquela fonte única, o Nada-Tudo, da onde toda vida, toda energia e toda consciência encontram seu sustento e fundamento.

([15]) **Teilhard de Chardin**, *(maio de 1881 – abril de 1955)*, padre jesuíta francês, também filósofo e paleontólogo, afirma que o homem evolui mental e socialmente em direção a uma unidade espiritual final, que denominou de ponto ômega. "*Teologicamente, Teilhard viu o processo da evolução orgânica como uma seqüência de sínteses progressivas cujo último ponto de convergência é Deus. Quando a humanidade e o mundo material tiverem chegado ao seu estágio final de evolução e exaurido todo o seu potencial de desenvolvimento, uma nova convergência entre eles e uma nova ordem supernatural será iniciada pela Parusia, ou a segunda vinda de Cristo (Traduzido pelo autor. Fonte: Encyclopaedia Britannica – CD 98, International Version).*

transcendente entre as três pessoas divinas: Pai, Filho e Espírito Santo. Da atividade *ad extra* surge o Universo, como a manifestação dinâmica de Deus para fora de Si mesmo em direção à "experiência" ou à "vivência" do desconhecido, de possibilidades ainda não existentes e não vivenciadas nem pelo Criador nem pelas criaturas. Constitui um movimento que "acrescenta" algo ao Criador, permitindo-lhe uma maior capacidade de fruição de Si mesmo. A atividade *ad intra,* por sua vez, representa tanto a atividade divina, elaborando o projeto da Criação, quanto o momento de processamento e compreensão daquilo que se efetivou na existência pela atividade *ad extra,* depois de o Universo entrar em sua fase de repouso ou imanifestação.

Essas três pessoas com uma só natureza podem ser entendidas, naquilo que se relaciona à Criação, como três momentos, ou aspectos, distintos, mas inter-relacionados, de um mesmo processo infinito e interminável. Um primeiro aspecto seria o amor como efusão, ágape *(amor aqui no sentido de comunhão total)* ou transbordamento ontológico. Um outro, que se poderia chamar de Eros, seria a paixão, o entusiasmo pela novidade, pela forma gerada na matéria, pelo outro *(ou pela alteridade, pelo totalmente outro, que é a criatura e a Criação),* por aquilo que ainda não se experienciou. E finalmente o sexo, o ato de fecundação: o ovo cósmico, a semente cósmica *(a ideação divina),* que contém em germe todo *(o programa do)* Universo estruturado. Esse ato de fecundação seria o *Big Bang,* o momento em que a vontade energética do espírito divino penetra o espaço infinito potencial, que é a possibilidade material de toda e qualquer forma manifestada, dando início subitamente ao processo da Criação, a um Universo.

Como assinala **Xavier Zubiri**, em *Naturaleza, Historia, Dios (Editora Nacional, Madrid, 1974, p. 441),* o caráter unitivo do amor é, por excelência, o resultado do espírito pessoal. Somente a pessoa, que tem a experiência da vida, da limitação, da dor, da alegria e da compaixão pode amar verdadeiramente. E como Deus, conforme vimos, é um aspecto da Criação, sua superestrutura consciente, Ele, como ser autoconsciente, adquire ou desenvolve sua personalidade à medida que as criaturas vão conquistando e desenvolvendo sua individualidade no processo da existência. Não há um ponto específico a se chegar. O processo é aberto e diversificado, e não tem fim.

Assim, Criador e criatura devem ser entendidos como entidades autotranscendentes, ou seja, entidades com a eterna capacidade para se superarem num processo sem fim. E quanto mais complexo o organismo e mais diversidade houver na Criação, maior ou mais intensa, rica e significativa torna-se sua unidade, sua integração e sua percepção.

Dissemos que a consciência de Deus impessoal, ou o Tudo-Nada, é uma superabundância de possibilidades de ser, mas que a este transcende, já que "ser" é estar determinado. Mas Deus, ou o Absoluto, é pura indeterminação, porque não é nada em particular, nenhuma limitação específica, mas total inespecificidade tendendo eternamente a ser alguma coisa ou todas as coisas *(todas as possibilidades)*. Ele é um infinito potencial, não atual, como queria Aristóteles *(para quem Deus é ato puro, sem nenhuma potência)*, posto que é precisamente por ser infinita potência que tem lugar a Criação, que consiste precisamente na atualização dessas possibilidades de existir, de ser e de sentir.

Já a personalidade de Deus *(de Deuses ou Demiurgos)* é o resultado do potencial puro do espírito com a especificidade da matéria, personalidade esta objetivada pela distensão temporal e pela alteridade da extensão espacial, mediante às quais a consciência divina esconde-se de si mesma, se obscurece e fragmenta-se em miríades de modos e formas diversas e em momentos evolucionários distintos([16]). Em tal

([16]) Quanto mais se baixa na escala da diferenciação, maior é a intensidade da consciência, das experiências, das sensações e, por isso mesmo, da realidade e da individualidade; enfim, da consciência de si mesmo como diferença específica. Mais marcada também será a dualidade e a diferenciação entre tempo e espaço, e mais marcada ficam as polaridades daquilo que existe.

processo, Deus e as criaturas vão aos poucos adquirindo "responsabilidade" no jogo e na brincadeira da Criação, à medida que experiências de dor, limitação, ansiedade e sofrimento vão sendo experimentadas. De modo que se pode esperar um momento em que essa consciência cósmica, una, devido à experiência acumulada, somente atuará e permitirá a ativação, por parte das criaturas, de possibilidades que produzam alegria e felicidade, ou, pelos menos, fixará um limite para a experiência do sofrimento e da dor. Não mais estados prolongados de alienação e de dor([17]) como aqueles que têm caracterizado a história de nosso planeta.

b) O sentido da Criação

Vimos que o espaço da Criação é o Universo, onde o interior de Deus, a pessoa, e o Seu exterior, o mundo, podem desenvolver-se de maneira inter-relacionada. A vida interior de Deus é o conjunto das consciências individuais, enquanto a vida externa de Deus é o mundo *(como conjunto das formas de expressão do espírito divino)*. Um não pode existir sem o outro: nem o mundo sem as consciências, nem as consciências sem o mundo. A consciência que a tudo perpassa e penetra não é somente Deus ou somente criatura, é Deus e criatura simultaneamente. Os indivíduos são a própria mente e sensibilidade de Deus atuando no espaço da Criação. Quando estes indivíduos tornam-se autoconscientes *(e divino-conscientes)*, a evolução passa a desenvolver-se de um modo lúcido e livre, no sentido da realização dos planos formativos de Deus, ou da inteligência universal.

Num certo sentido, a Criação é um transbordamento ontológico de Deus e de Sua alegria de Ser. É um jogo, uma brincadeira de Deus, e seu objetivo básico e fundamental é o prazer e a alegria, aos quais se busca vivenciar por intermédio

([17]) A dor é a suprema intensidade de consciência que só existe aqui, no plano material, de máxima individuação. Em planos menos materiais, a percepção é menos intensa, e, por conseguinte, a consciência do eu é menos polarizada e mais expandida.

da criação de formas para a consciência expressar e sentir a si mesma. Deus, como possibilidade infinita e inesgotável de Ser, quer sentir, quer ver, quer se compreender, porque não há mais nada além ou diferente de Si mesmo.

Cada experiência humana expande o conhecimento de Deus e constitui um aspecto de Si mesmo que é revelado à Sua consciência. E por maior que seja o Seu conhecimento, há sempre mais para saber, desvendar, criar, ser, fazer e sentir. Há o infinito pela frente. Por isso a Criação não tem fim; é coeterna de Deus. Deus, Universo e Homem são, pois, aspectos do absoluto Tudo-Nada, que não existem separadamente. Deus é a consciência integrada de todas as consciências particulares, enquanto o Universo constitui a relação entre aquelas duas polaridades, que estão em constante processo de unificação e de crescimento no sentido de um aumento constante das possibilidades de gozo e de liberdade tanto para o Criador como para a criatura. Por essa razão é certo dizer que o sentido da Criação é a felicidade *(do Criador, ou do Demiurgo e da criatura)*, a alegria, a comunhão amorosa na união de todos com tudo, embora nesse processo, que tem muito do método de tentativa e erro, o espírito criado e o Criador passem por estágios e momentos que se podem chamar de "difíceis". Nesse sentido, a felicidade não é algo acabado, mas um processo de desenvolvimento da liberdade criadora. A ela se aplica, também, a noção de evolução, porque Deus e as criaturas evoluem, juntamente com o Universo, que é o campo da Criação, na felicidade, no gozo e na alegria de ser, de viver e de sentir.

A vida, que constitui o resultado da dinâmica gerada pelo encontro do espírito com a matéria, é uma dinâmica em que a imprevisibilidade reside no processo e não tanto no fim, que é conhecido e faz parte do projeto divino. Este, por sua vez, tem uma dupla face e se desenvolve em duas direções, à proporção que há uma realidade interna da consciência e uma realidade externa do mundo. A primeira é o mundo do sentir, a interioridade da consciência, onde novos significados e novos sentidos são criados e desenvolvidos, enquanto a outra é o mundo do existir, da exterioridade, em que novas formas de expressão da vida vêm constantemente à luz. Uma completa a outra e torna a existência possível. Uma constitui a forma do sentir, a outra, a forma do existir. Nenhuma pode manter-se sozinha. Só há sentir se há algo a ser sentido. E só há "algo", se esse algo for objeto de um sentir, de um experimentar. Sujeito e objeto são, pois, fundamentais para que haja uma "realidade" *(consciência e conteúdo, Si e outro)*

O plano de um Universo é basicamente executado em duas etapas: a primeira consiste no plano propriamente dito, concebido pela imaginação ou inteligência cósmica *(pelo Demiurgo)*, e, a segunda, o desenvolvimento desse plano, a partir de dentro, pelas criaturas autoconscientes. Deus acorda para seu Universo e torna-se dele consciente, quando aparecem em seu seio as criaturas capazes de pensar, os indivíduos autoconscientes. Nesse momento, a etapa mais importante da Criação tem início: a total encarnação de Deus em seu próprio corpo de expressão – o Universo. Somente a partir daí torna-se possível a realização ou a complementação do plano divino, por livre escolha e adesão de cada espírito individual vivente, ou das criaturas, que são o fator capaz de multiplicar ao infinito a energia criadora divina. Assim, o impulso criativo de Deus Uno consiste em conceber, planejar e programar Universos, mundos e formas para encarnar a Sua consciência e a Sua percepção. Isso é possível somente quando a unidade originária, aquele Tudo-Nada consciente, cria um ambiente para o surgimento da diversidade, do outro, da alteridade, no seio da Sua unidade essencial. Como diz magistralmente Zubiri,

> *"...la creación es una producion de lo "outro", pero como difusión de si "mismo". Y, por tanto, la creación, a la vez que produce las cosas distintas de Dios, las mantiene en unidade ontoló-*

gica com Él mediante la efusion. Vista desde Dios, la efusión, la efusión del amor no consiste primariamente en unificar algo producido ya por creación, sino en producir el ámbito mismo de la alteridade como un unum *proyetado* ad extra; *de suerte que lo existente sólo cobra su existencia por la unidade primaria, originaria y originante del amor. Vista desde las criaturas, la efusión del amor es uma atración ascencional hacia Dios. La unidade así entendida no es sino el reverso del acto creador mismo: son las dos caras de um solo amor-efusión." (Ob. cit. p. 435).*

E do lado da criatura o objetivo é precisamente corresponder a esse impulso ascensional até Deus, a fim de conhecer Sua vontade e por ela viver. Com isso a criatura atinge, por uma espécie de identificação, a abundante e plena vida divina, que é puro amor, alegria e desejo de criar ou de ser. De fato, o conteúdo da vontade divina é um permanente desejo de ser e de criar. Nesse processo, o homem, como o templo e instrumento para a expressão de Deus na Criação, alcança o que se pode denominar de "contentamento divino", proporcionado somente quando se realizou um grau de profundidade próprio à fé, à infusão de Deus em sua personalidade. É o momento em que a pessoa compreende a identidade ontológica do divino e do humano. Nesse ponto, há como uma fusão da pessoa "criatural" com a pessoa divina. Ambos adquirem algo que não possuíam antes, uma nova experiência e um novo e mais intenso e diversificado relacionamento tem início. Para a criatura, a apreensão final é a de que Criador e criatura constituem uma só coisa, um só princípio e uma só verdade. Nesse sentido, Deus não deve mais ser visto como senhor, mas como companheiro do homem na aventura da Criação, na medida em que Deus e a criatura são dois momentos do processo da Criação, momentos e aspectos que não se fazem independentemente um do outro.

Deus, considerado em seus aspectos impessoal e pessoal, constitui simultaneamente o fundamento da criatura, o que nela há de mais íntimo e profundo, mas também o absolutamente outro; o mistério absoluto, um abismo insondável, o lado ainda desconhecido, o mistério que ainda não foi explicado. Esse é o paradoxo existencial inerente ao ser "criatural", e o sentido de seu infindável processo de evolução. O caminho não tem fim, porque há sempre algo a descobrir, a construir, a ser. Deus e a criatura, e também o Universo, o palco da Criação, estão em constante processo de reconstrução e recriação. Na verdade, a evolução é uma eterna construção do ser da criatura, por Deus, e de Deus, pela criatura.

Por essa razão, a Criação é simultaneamente algo sério e também uma brincadeira maravilhosa. É sério enquanto no criar há sempre o risco do perder-se, do perigo de sofrer. É uma brincadeira maravilhosa, porque mesmo havendo possibilidade de perda e de sofrimento, tanto da criatura como do Criador, tal perda e tal sofrimento são sempre passageiros e finitos diante da eternidade da glória e da alegria da vida divina, que sempre será alcançada por todas as criaturas.

Hans Urs von Balthasar, considerado por muitos o maior teólogo católico deste século, considera a Criação uma espécie de drama, em que o plano da obra ou da peça já está determinado por Deus, mas há espaço para a liberdade dos atores no processo de interpretação. Concilia-se, assim, a liberdade infinita de Deus, de conceber o drama da Criação, e a liberdade finita das criaturas, em atuar livremente nesse drama, seguindo, contudo, a estrutura, as linhas gerais da concepção da obra e de certas categorias dramáticas. Nas palavras de Balthasar "*...that is why history is itself an area of freedom – the freedom of God giving space and scope to the freedom of man. Within this space man is free to make history happen. But since this space belongs to Christ, it is in no sense an empty space but one that is shaped and structured and completely conditioned by certain categories: the interior situation of his earthly existence*" (*in Pattern of Redemption,*

The Theology of Hans Urs von Balthasar, Continuun, Nova Iorque, 1994 – Edward T. Oakes, p. 220).

Nessa visão, de uma maneira misteriosa, o indivíduo é livre para agir, mesmo de uma forma que aparentemente não se coaduna com o plano de Deus. E mesmo assim tal "desvio" é, também, num certo sentido, parte do plano *(ou a ele se incorpora necessariamente),* sem prejudicar seu acerto final. Ou melhor, o papel desempenhado pelo indivíduo, seja que atitudes ou decisões resolva tomar, em última instância é sempre aceito por Deus, e por Ele utilizado em benefício da sua Criação, como enriquecimento, como experiência.

Assim, Deus e a criatura constituem dois aspectos do que denomino jogo divino, cujo verdadeiro fundamento é o Absoluto. Somente o Absoluto é único. Desse Absoluto nada podemos dizer, a não ser que constitui a totalidade das possibilidades de existência; um puro Nada e, por isso, fundamento de todo o Ser. Nesse sentido, tal absoluto seria o totalmente outro. Não é uma pessoa, mas o próprio infinito que tanto a criatura quanto os Criadores podem explorar, atualizar e entender progressivamente, sem nunca chegar ao fim, ao esgotamento.

Penso que tal Absoluto seja a base, o princípio e a fonte de onde dimana toda e qualquer potência criadora. A bem dizer, cada partícula do Universo é potencialmente um criador de Universos. Para chegar a tal estágio, contudo, é preciso percorrer o caminho do tempo linear, da evolução, de forma a despertar ou atualizar todas ou algumas de suas possibilidades de perceber, de ser e de fazer.

Do ponto de vista cognitivo, a evolução também avança no chamamento ou na criação de "sentido", de significação, ou, em outras palavras, de novos conceitos e novas formas de inteligibilidade. Criar, portanto, não é apenas produzir novas formas, mas sobretudo criar compreensão e entendimento. Novas figuras mentais, conceituais; novas formas e maneiras de existir, de expressar-se, de perceber e perceber-se, de sentir e de sentir-se. E como a evolução é um processo sem fim, diversas conquistas serão atingidas e novas e mais profundas intensidades serão alcançadas. O prazer estético, sensual, sexual, amoroso e cognitivo são formas do prazer e das experiências almejadas com a Criação. Muitas outras configurações que ainda não conhecemos existem como possibilidade ou atualidade em algum lugar ou tempo. Com a dinâmica do processo criativo, há sempre um enriquecimento de significados, bem como de formas novas de sentir, de agir e de ser. A exploração é incomensuravelmente aberta, em todas as esferas imagináveis do sentir, do ser, do agir e do compreender. Não há limites, ou melhor, o único limite é o medo, aquilo que denominamos de mal, porque vai contra, restringindo o impulso infinito e natural da expansão da vida divina para dentro e para fora de si mesma. "Fora" e "dentro" que estão em eterna relação, porque sempre se encontrando, se separando e se reencontrando, num processo sem fim. É a cobra que morde o próprio rabo, ou o infinitesimal que contém o infinito, e o infinito constituído pelo infinitesimal. Unidade de tudo que é, que existe e existirá, com a liberdade como fundamento de toda ação e de toda Criação.

c) DEUS – algumas definições

- ❑ *fundamento do ser*
- ❑ *centro dos centros*
- ❑ *unidade fundamental*
- ❑ *ente fundamental*
- ❑ *ato puro*
- ❑ *Nada, vazio absoluto*
- ❑ *abismo insondável*
- ❑ *ágape, pura doação, dom de si*
- ❑ *pura vontade*
- ❑ *ente substancial*
- ❑ *fecundidade infinita*
- ❑ *pura ação pessoal*
- ❑ *êxtase infinito*
- ❑ *poder absoluto*

- ❑ *amor, vontade e inteligência cósmicas*
- ❑ *pura liberdade*
- ❑ *possibilidade infinita*
- ❑ *infinita potencialidade*
- ❑ *luz, vida e espírito*
- ❑ *Pai, filho e espírito santo*
- ❑ *novidade*
- ❑ *atrator topológico da evolução*
- ❑ *infinita imaginação criativa*
- ❑ *motor imóvel*
- ❑ *ato puro*
- ❑ *grande atrator*
- ❑ *o alfa e o ômega*

1 – O mistério do Ser e da Criação ou Deus, homem e Universo: a trilogia da Criação

De qualquer ângulo que analisemos a existência, *(o advento do Ser ou do Universo)*, seja o científico, o filosófico ou o religioso, deparamo-nos, sempre, com o mistério. O mistério do Ser, o mistério de ser. A partir de quaisquer dessas diferentes perspectivas, o homem é levado a reconhecer a sua ignorância e perguntar-se *"como pode haver um Universo, um cosmo"*? Essa é a grande questão, da qual todas as demais decorrem, porque todas as coisas são filhas do Universo. O espaço, o tempo, a matéria, o pensamento, enfim, o próprio ser.

A ciência enfrenta a inevitável questão a respeito do início do Universo com a necessidade de postular um *Big Bang* a partir do Nada *(uma flutuação no vazio)*, de uma singularidade por meio da qual ter-se-iam originado simultaneamente o tempo, o espaço, a matéria-energia e as leis que estruturam e determinam sua evolução em direção à vida e a autoconsciência. Mas o problema é explicar como isso é possível, visto que tais leis provavelmente não existiam antes do evento, para determiná-lo em suas conseqüências.

Essa busca de uma resposta para o enigma do Universo possui uma longa história. Por isso os registros da investigação acerca da existência são comuns à cultura de quase todos os povos, e, em alguma delas, alcançou um refinamento e uma profundidade verdadeiramente admiráveis. Foi também a preocupação de muitos filósofos e místicos ocidentais.

Jacob Boehme([18]) em sua obra *Misterium Magnum*, com profunda intuição sobre o poder criativo e infinito do Vazio, ou do Nada, declara que Deus:

> *"É em si como uma imensa profundidade, como um Nada eterno". "É a Unidade eterna, o Nada e o Todo, a quietude absoluta, o silêncio total que repousa em sua eterna nulidade". "Na eternidade, como em uma profundidade imensa fora da Natureza, não há nada mais que uma quietude sem essência; é uma tranqüilidade eterna, um fundamento sem princípio nem fim. Não há termo nem ponto fixo, nem buscar nem encontrar, nem nada que possa ser uma Possibilidade. Deus é a unidade frente às criaturas, como um Nada eterno; não tem fundo (Grund) nem princípio, nem lugar; não possui nada fora de si mesmo. É a vontade da profundidade, do Abismo. É em si mesmo sempre uno, não tem necessidade de espaço nem de lugar. Produz a si mesmo de eternidade em eternidade"* (Mysterium Magnum, *Op.5, p.7 – Historia de la Filosofia, III, p. 215).*

Deus é uma vontade una que deseja ser multiplicidade. O Universo é a expressão visível de Deus invisível, a expressão fenomênica, a aparência de Deus, cuja essência consiste na afirmação e na negação simultâneas, o que explica o

([18]) **Jacob Boehme** *(1577 – 1624)*, nascido em Altseidenberg *(Obersalusitz, Silesia)*, filósofo místico alemão, que exerceu profunda influência no romantismo e no idealismo.

transformismo universal: tudo sendo e deixando de ser, num processo sem fim.

O místico teutônico assevera ainda que *"O Verbo divino, por meio do Espírito Santo (conhecimento ou consciência), se revela e adquire consciência de si mesmo na Natureza"*. Essa idéia, que Hegel([19]) tomou emprestada e desenvolveu em seu grande sistema, é expressada por meio da alegoria da queda:

> *"Deus-Vontade se contempla a si mesmo no espelho de seu próprio abismo. Esta contemplação é a Virgem, a qual é a imagem perfeita de Deus, que consiste na imaginação do Nada. O Nada é potência pura, mas a Virgem é ato ideal, imaginação. O Pai se inflama de amor a si mesmo ao contemplar-se nessa imagem, e o Nada queda grávido, dá a luz ao Filho. A palavra divina nasce, pois, da sabedoria divina contemplando o Nada. O Pai adquire consciência de si mesmo no Filho.*

O filho é o homem que surge no Universo.

> *"A vontade produz este Filho sempre de novo, de eternidade em eternidade, porque ele é seu coração e sua palavra, como um som ou uma revelação da profundidade da eternidade silenciosa, e é a boca e a razão da vontade, e é chamado outra pessoa que não é o Padre, porque ele é a revelação do Pai, seu fundamento e sua essência, porque uma vontade não é uma essência, senão tão somente a imaginação da vontade faz a essência" Boehme – H.F, III, p. 216, nota 6).*

E ainda:

([19]) **G.W.F. Hegel** *(1770 – 1831)* foi o último dos grandes filósofos construtores de sistemas. Idealista absoluto, tem entre suas principais obras a *Fenomenologia do Espírito* e a *Ciência da Lógica*.

"A gravidez não tem lugar no Espelho, mas na Vontade, isto é, na imaginação da Vontade. O espelho permanece eternamente como uma virgem sem parto, mas a Vontade se engravida por meio da contemplação do espelho; assim que a vontade é o Pai, e a gravidez no Pai ou na Vontade é o Senhor ou o Filho".

Tais metáforas são altamente sugestivas. Nelas percebemos a idéia de que o mundo é um momento e um aspecto necessário do processo divino. Ele é a treva que torna possível a luz, porque *"nada pode chegar a se manifestar sem oposição".* Nesse sentido, a sombra, a falta de plenitude, de luz, enfim, o que denominamos mal, é intrínseco à Criação e necessário à automanifestação de Deus.

No *Rig Veda*, uma das mais antigas escrituras hindus, a existência é atribuída a um impulso cego por existir, que ocorre também no seio do vazio insondável, desejo este que é a origem da mente, do Universo e dos deuses criadores. Diz a escritura([20]):

"Não existia nem o ser nem o não-ser.
Não havia ar, nem céu, nem o que está além deles.
O que então se achava oculto?
Onde se encontrava? Quem o protegia?
Onde estavam as águas abissais, insondáveis?
A morte não existia, nem a vida imortal, nem o dia ou a noite davam qualquer sinal.
Por sua força intrínseca, o Uno respirava sem qualquer sopro.
Nada existia, nenhuma coisa, a não ser esse Além.
As trevas ocultavam-se nas próprias trevas.
Sem marcas distintivas, tudo era água.
Aquilo que mais tarde se manifestaria estava imerso no vazio.

([20]) Essa mesma passagem já foi transcrita no primeiro capítulo. Todavia, para conforto do leitor, transcrevemo-la novamente.

Então o Um, pela força do sacrifício, veio a ser.
O desejo entrou no Um, no princípio.
Era a primeira semente do pensamento nascida.
Os poetas, perseguindo a resposta, com sabedoria em seus corações, compreenderam a origem da existência na não-existência.
A ligação foi feita. Havia algo abaixo? Havia algo acima? Existiam semeadores; eram os poderes. Havia um impulso de baixo para cima, havia também um impulso de cima para baixo.
Quem realmente sabe? Quem pode responder? De onde foi produzido. De onde provém essa Criação?
Os deuses surgiram depois, com a Criação do Universo. Quem sabe de onde ele surgiu?
De onde essa Criação surgiu – talvez ela própria tenha se originado de si mesma, ou talvez não. Somente aquele que olha de cima, do mais elevado céu, pode saber. Talvez nem ele saiba".

Nem os deuses, nem talvez o Deus uno saiba o mistério da Criação!, admitem eles *(os sábios hindus)*. Reconhecem que a consciência, como posterior à existência, não pode explicar sua origem.

Já foi dito que a idéia de que o vazio seja tomado como origem ou fundamento de tudo *("aquilo que mais tarde se manifestaria estava imerso no vazio")*, em muito se aproxima da física quântica. Se o Nada ou o Vazio é incondicionado, porque nele não há nenhuma condição, determinação ou limitação, então é certo que dele tudo pode decorrer, porque não existe nada que restrinja qualquer expressão.

Entretanto, Deus não pode conhecer-se ou sentir a Si mesmo se não se fragmentar([21]) em miríades de partes – os indivíduos. Enquanto não cria, é apenas a consciência da uni-

---

([21]) A Criação é o método, um procedimento, uma técnica, desenvolvida pela imaginação e pela vontade cósmicas, para explorar o infinito de possibilidades de ser.

dade indistinta do vazio, o Absoluto. O homem é o modo pelo qual Deus pode olhar para si mesmo e contemplar seu poder. E esse processo, repita-se, não tem fim. Trata-se de um infinito Aleph n([22]), tanto no sentido da interioridade, quanto no da exterioridade; tanto como infinitesimal ou infinito negativo, como infinito positivo, tendo sempre como parâmetro o homem *(a imagem de Deus na Criação)*. Por isso, no Universo, o homem é, sim, a medida de todas as coisas; é Deus olhando, sentindo e existindo para Si e para o mundo de infinitas maneiras. O homem constitui um aspecto de Deus que O torna possível *(no sentido de poder perceber a Si mesmo de infinitas maneiras)*, e Deus é a totalidade do homem que o fundamenta. Um não existe sem o outro. Nesse caso é certo dizer que Deus e o Homem são a mesma coisa. O Universo é o palco do jogo da Criação, o campo da expressão da vida e da sensação. Deus e o homem nascem nele; nele se desenvolvem e dele saem e sempre a ele retornam. O processo é eterno e infinito, pois *"a Vontade produz esse Filho sempre de novo, de eternidade em eternidade"*

O mal e a Criação

O mal – *o medo, o sofrimento e a dor* – embora sejam eternos como possibilidades, para o indivíduo que evolui são apenas passageiros. Constituem talvez um estágio ou um

---

([22]) **George Cantor**, genial matemático alemão (1845-1918), verificou que há basicamente dois tipos de infinitos. Os infinitos enumeráveis e os não-enumeráveis. Os primeiros, que chamou de Aleph-0, são aqueles que podem ser postos emparelhados com os números inteiros, na correspondência de um para um *(como, por exemplo, os números racionais – aqueles que podem ser escritos na forma de uma fração de números inteiros – ou os números infinitos múltiplos de 2)*, e os últimos, que chamou de Aleph-1,2,3..., que não o podem ser. São exemplos destes últimos os números irracionais. Entre 0 e 1 há uma quantidade infinita de números não enumeráveis, portanto, um Aleph diferente de zero. De fato, entre O e 1 há mais números reais – *formados de números racionais e irracionais, como raiz quadrada de 2, o número Pi* – do que toda a classe de números inteiros.

método para a ascensão da consciência ao Absoluto e à alegria infinita.

O mal não é algo positivo, mas a ausência do bem; é ação sem amor, sem o sentido da unidade e da integração, a partir do pensamento ou da consciência de separatividade e de alteridade. De fato, toda ação sem amor, onde não há a profunda consciência e sentimento da unidade, fatalmente leva ao sofrimento ou à dor, que são seu próprio remédio, pois geram na pessoa o anseio da unidade perdida, reconduzindo-a de volta à experiência superior do amor, como a única saída.

Num certo sentido, a individualidade e a autoconsciência individual têm sua gênese na matéria e nela encontram também seu término. A matéria é, nesse sentido, imprescindível para a geração da experiência necessária à evolução do espírito, mediante a qual ampliam-se a extensão e a profundidade de sua consciência e a intensidade de seu poder. Com o advento da mente e da autoconsciência, no homem, aquelas forças que, ao longo de sua jornada evolutiva, ele vai apreendendo a conhecer e controlar *(e assimilando em seu acervo espiritual como capacidade adquirida)* são finalmente dominadas para o uso transcendental do espírito. Este que antes era apenas um vazio de infinita possibilidade, com o enriquecimento proporcionado pela multiplicidade de experiências sensíveis no espaço e no tempo, adquire e desenvolve sua potencialidade, alcançando, com isso, novo *status* existencial. Tais experiências são desafios, resistências, limitações próprias à vida tempo-espacial, que estimulam o espírito a se superar, a extrair de si força e qualidades *(tais como consciência, vontade, sabedoria, inteligência e muitas outras habilidades)* que não possuía, mas existiam em si como meras possibilidades.

Na verdade, a mesma fonte *(o Nada, o Vazio, o Abismo sem fim)* que é o fundamento do Universo existe igualmente dentro do indivíduo, com a mesma potencialidade, pois há só um vazio, um só Absoluto([23]). O vazio no homem é o mesmo vazio em Deus. O contato com o vazio é o contato com a fonte e o poder de todas as possibilidades. E por isso toda consciência é potencialmente criadora. Pode escolher quais as possibilidades que quer efetivar. Essa escolha é, porém, indeterminada pela própria natureza do Nada. Cada ato livre é uma criação e altera todo o Universo em suas relações constitutivas, visto que tudo está holisticamente interligado. A ação livre retira do Nada o ser, seja este uma relação, um pensamento, um desejo ou uma ação física concreta, introduzindo no Universo algo que não havia antes.

O ser humano é matéria perceptiva, autoconsciente, que num certo momento de sua evolução pessoal percebe-se como sendo mais que corpo. Percebe-se também como mente, e como tal passa a saber que ele não apenas cria a sua vida *(individual e coletivamente)*, como constantemente influencia e determina o ambiente onde vive. Sua realidade objetiva ou intersubjetiva é constituída por uma teia de relações – *ou conjunto de paradigmas mentais superpostos* – mediante as quais é possível o compartilhamento intersubjetivo da realidade.

2 – Tempo e Universos Paralelos (passado, presente e futuro como realidades simultâneas)

Dissemos que o tempo e o espaço constituem os fundamentos da dualidade e da existência material. O espaço é o "campo" existencial onde acontece a diferença, a obscuridade do espírito e a exterioridade; onde é possível a fragmentação, a opacidade, o obnubilamento e a vivência da separatividade *(o que denominamos objetividade, em que há sujeito e objeto, polaridades aparentemente irredutíveis)*, ao passo que o

([23]) É interessante observar que os conceitos de *Samadhi*, iluminação, *Satori* referem-se a estados de consciência – *ou estados de Ser* – que se ajustam perfeitamente à noção de vazio e, ao mesmo tempo, de plenitude. Na vacuidade – *ou na consciência (esvaziamento da mente) do vazio* – está a plenitude do absoluto, que é silêncio total e completa perfeição e beatitude.

tempo constitui o processo por meio do qual o espírito experiencia essa realidade, gerada pela mencionada fragmentação e suas infinitas possibilidades, de forma seqüencial e linear.

Todavia, se todas as possibilidades que decorrem do Nada existem em algum mundo possível ou ideal, ou na mente de Deus, então é apropriado dizer que tudo está acontecendo ao mesmo tempo, e que é a consciência *(tanto individual quanto coletiva)* que, de certa maneira, determina a realidade na qual se insere e vive. Todas as estruturas que proporcionam isso, uma infinidade de dimensões de existências possíveis, já existem no campo de existência de um Universo.

De fato *Tudo* existe. As realidades são latentes, estão armazenadas no campo multidimensional, multirreal, da consciência de Deus ou no espaço multidimensional do próprio Universo. Cada possibilidade, ou linha de possibilidades, existe numa determinada dimensão espacial, ou espaço virtual. Como os "bits" de informação contidos na memória de um computador, essas possibilidades são reanimadas ou recuperadas quando alguma "energia" é empregada para manifestar o que somente existe de forma latente, como possibilidade ou potência, ou seja, como mera realidade virtual. Essa energia é a atenção da consciência, que desempenha papel fundamental como elemento ativador da realidade *(que é sempre baseada na dicotomia sujeito/objeto).* Assim, a minha consciência, que representa sempre o presente, vai ativando as possibilidades, ou os quadros infinitos do tempo, que poderíamos denominar de mundos paralelos. É a consciência que se move e que flui de uma possibilidade a outra, sem cessar. O tempo linear representa apenas uma fatia da realidade chamada de mundo tridimensional *(e à consciência e percepção tridimensional humana).* Na verdade, na realidade total, multidimensional, o que há, na falta de melhor termo, é o tempo esférico, em que o que denominamos passado, presente e futuro existem simultaneamente em mútua correlação. Nesse sentido, pode-se dizer que não só o passado influencia o presente, mas também o fazem o futuro e outros presentes paralelos. Há, pois, uma causalidade progressiva, uma regressiva e uma lateral. A realidade é holisticamente "influenciável" ou determinável, sempre a partir da consciência.

No tempo linear, cada ação ou omissão nos conduz em direção a um futuro provável, possível, mas que já é presente em um Universo paralelo. Não criamos o futuro, criamos a escolha por onde a nossa onda de vida, a energia de nossa atenção consciente, irá passar e ativar como realidade preexistente, o que nos permite escolher a cada momento nosso futuro.

Em princípio, o passado não se repete porque já foi vivenciado pela consciência, e um caminho infinito ainda resta pela frente. Todavia, se tudo é simultâneo, então todas as nossas vivências são eternas, e podemos teoricamente acessá-las como um "presente" sempre que assim o desejarmos e soubermos como fazê-lo.

Como vida é sensação, o futuro consiste naquilo que existe, mas não foi ainda vivenciado, sentido, por uma determinada consciência, embora possa ter sido experimentado aparentemente por outro indivíduo. Cada consciência individual constrói o mundo, e percebe-o, de uma particular maneira. E ainda que se diga que uma certa realidade "intersubjetiva" é compartilhada por uma multidão de indivíduos, a maneira como cada um percebe, sente e vivencia tal realidade é sempre única. Mesmo que admitamos que se possa comunicar vivências de uma consciência para outra, a interpretação e a reação de tal vivência será particular e única.

E da mesma forma como há várias realidades possíveis do mundo, assim também existem vários possíveis estados psíquicos, bem como estados físicos do indivíduo, num mesmo mundo. De modo que a realidade pode ser visualizada como uma teia complexa e entrelaçada, formada pela contribuição de uma infinidade de consciências individuais. É o somatório da percepção, dos pensamentos, das emoções, crenças e dos sentimentos de todas as pessoas que compartilham uma mesma dimensão ou "orbital de realidade"([24]) que constroem a realidade de certo mundo. Todavia, o próprio indivíduo, ainda que habite um mesmo mundo ou uma mesma realidade que um outro, vivencia uma infinidade de estados de consciência particulares e independentes que poderá determinar seu futuro pessoal. Uma pessoa pode somente modificar a sua realidade, o seu futuro, ao mudar seu estado de consciência. Assim, digamos que alguém, por algum motivo *(trauma, depressão, amor profundo etc)*, altere seus conceitos e sistemas de valores e passe a perceber e a interpretar o mundo de uma forma diferente. Essa transformação de sua consciência e de seu sistema de valores, enfim, de suas crenças sobre a realidade e sobre si mesmo, certamente transformará a sua realidade pessoal e o ambiente onde vive. Segue-se daí que as possibilidades de vida são possibilidades interiores, de estados de consciência, e as possíveis realidades exteriores *(denominadas de realidades objetivas ou intersubjetivas)* dependem sempre da consciência individual. Tanto quanto as ações físicas, as ações ou atitudes mentais e emocionais também criam ou determinam a realidade interior e, por conseguinte, a exterior, como reflexo secundário, porquanto as realidades interiores tendem a tornar-se realidades exteriores e intersubjetivas, manifestando-se no chamado mundo físico objetivo. Este, por sua vez, é o resultado da superposição de paradigmas mentais, mediante os quais uma determinada realidade intersubjetiva é compartilhada.

([24]) Assim como os elétrons ocupam determinados orbitais ou níveis energéticos em torno do núcleo do átomo, somente podendo se deslocar (o chamado salto quântico) para outros níveis se for retirada ou adicionada energia equivalente a um múltiplo inteiro da constante de Plank (h), da mesma forma podemos supor que existem vários níveis, orbitais ou dimensões de realidade, e que só se pode passar de um a outro desses níveis em razão de uma certa dose energética de "decisão quântica". Ou seja, cada escolha, pensamento, vontade que temos, se satisfeita uma certa constante Plank-dimensional *(ou constante "D" de mudança dimensional ou temporal)*, é capaz de nos levar a um quadro, ou dimensão, seguinte de realidade. A mesma coisa acontece com a consciência. Há múltiplos níveis ou planos de consciência.

Cada consciência individual está em seu tempo e mundo particular e nisso ela é única. Sua evolução acontece no sentido de sair de sua subjetividade enclausurada para sentir e perceber a conexão com o todo, até que atinja um ponto onde se desloca de uma seqüência de eventos determinada *(do tempo linear)* a uma esfera mais ampla de possibilidades, à plenitude, onde tudo é. Nesse último plano, não há mais tempo, porque também não há mais seqüência de eventos para a consciência. O tempo torna-se esférico e ilimitado. É o ponto onde tudo existe, porque tudo é possível. Todavia, não se deve esquecer que toda realidade, toda possibilidade, "acontece" na própria consciência, porque só há realidade em relação à inconsciência.

O substrato do mundo é, pois, essencialmente mental, assim como a mente é uma criação da vontade, de um impulso imanente da unidade para fora de si mesma. Todavia, como sair de si mesma é impossível, visto que totalidade e unidade são ontologicamente uma só coisa, tal impulso, ou perturbação da unidade, cria a ilusão da separatividade e da discriminação. E é desse impulso que nasce a mente, e é desta, por derivação, que tem nascimento a forma, a sensação, a emoção, a dor e o prazer, enfim, o Universo. De fato, tudo está na mente: o mundo, o conhecimento, a ignorância, o sofrimento, a dor e o prazer e, num certo sentido, o próprio Universo.

Uma vez surgida a mente, estende-se adiante o infinito. O tempo e o espaço são a representação física e material desse infinito, representação da própria mente.

3 – A dualidade onda-partícula e a dualidade Deus-indivíduo

Pelo princípio da complementaridade, e a partir da própria natureza da teoria quântica, pode-se dizer que as entidades atômicas e subatômicas apresentam uma dupla face de onda e de partícula. É legítimo também afirmar, a partir dos postulados básicos da mecânica quântica e do resultado de certos experimentos fundamentais, que toda partícula tem um domínio de probabilidade *(a probabilidade de se encontrar numa certa parte do espaço)* infinito, ou no mínimo do mesmo tamanho que o Universo. É pelo menos isso o que sugere a experiência realizada por Alain Aspect a fim de verificar a inadequação de Bell *(ver primeiro capítulo, II, b)*. Disso resulta que toda partícula é, além dela mesma, uma totalidade e uma infinita potencialidade relacionada com tudo. Está em si mesma mas também em todo o Universo e em todas as coisas, visto que todas as partículas do Universo provieram de uma mesma fonte, o *Big Bang*, e nesse sentido um dia estiveram relacionadas diretamente.

A partir daí é possível traçar um paralelo entre tal dualidade, da qual já tratamos no *Capítulo I (nota n. 4)*, e a dualidade Deus-indivíduo. Assim, Alice, por exemplo, é ao mesmo tempo Alice e também Deusa/Deus ou Tudo/Nada; ao mesmo tempo universal e particular; ao mesmo tempo "não-local" e atemporal, e experienciadora do aqui e do agora "local" *(ver Cap. 1, II, b)*. Enfim, ao mesmo tempo Deus e indivíduo. Sua face indivíduo é Alice, sua face universal ou totalidade é Deus. Ela é ambas as coisas ao mesmo tempo, assim como Deus é Deus e todas as individualidades simultaneamente.

Bibliografia

✓ **Agostinho, Santo** – *Confissões,* Paulus, São Paulo, 1984.

✓ *O Livre-Arbítrio,* Braga Faculdade de Filosofia, 1986.

✓ **Alquié, Ferdinand** – *A Filosofia de Descartes,* Presença/Martins Fontes, Lisboa, 1980.

✓ **Ameal, João** – *São Tomaz de Aquino,* Livraria Tavares Martins, Porto, 1947.

✓ **Aristóteles** – *Metafísica,* Globo, Porto Alegre, 1969.

❑ ❑ ❑

✓ **Bailey, Alice A.**- *Los Rayos y Las Iniciaciones,* tomo V, Kier, Buenos Aires, 1981.

✓ *Psicologia Esotérica, vol. 1,* Fundação Cultural Avatar, Niterói, 1990. *Esoteric Psychology, II,* Lucis Press, London, 1971.

✓ **Barlow, Michel** – *El Pensamiento de Bergson,* Fondo de Cultura Económica, México, 1968.

✓ **Blavatsky, H.P.** – *A Doutrina Secreta, vol I, Cosmogênese,* Pensamento, São Paulo, 1980.

✓ **Bohm, David** – *A Totalidade e a Ordem Implícita,* Cultrix, São Paulo, 1980.

✓ **Born, M; Auger, P.; Schorödinger, E.; Heisenberg, W.** – *Debates-Física,* Perspectiva, São Paulo, 1969.

✓ **Bunge, Mario** – *Filosofia de la Física,* Ariel, Barcelona, 1982.

❑ ❑ ❑

- ✓ **Cassirer, Ernest –** *Kant, Vida y Doutrina,* Fondo de Cultura Económica, México, 1985. *El Problema del Conocimiento II,* Fondo de Cultura Económica, México, 1986.
- ✓ **Chardin, Teilhard de –** *Mundo, Homem e Deus,* Cultrix, São Paulo, 1986.
- ✓ **Chester, Michael –** *Partículas, Introdução à Física de Partículas,* Artenova/Editora Universidade de Brasília, 1979.
- ✓ **Coleman, James A. –** *Relatividade para Todos,* Pelicano, Lisboa.
- ✓ **Conveney, Peter e Highfield, Roger –** *A Flecha do Tempo,* Siciliano, São Paulo, 1990.
- ✓ **Copi, Irving M.-** *Introdução à Lógica,* Mestre Jou, São Paulo, 1979.
- ✓ **Cusa, Nicolau de –** *A Visão de Deus,* Calouste Gulbenkian, Lisboa, 1988.

❑ ❑ ❑

- ✓ **Davies, Paul** – *A Mente de Deus,* Ediouro, Rio de Janeiro, 1992. *Superforça,* Ed. Gradiva, Lisboa, 1988. *Deus e a Nova Física*, Edições 70, Lisboa, 1988. *El Espacio y el Tiempo en el Universo Contemporáneo,* Fondo de Cultura Económico, México, 1986.
- ✓ **Davies, P e Gribbin**, J – *The Matter Myth,* A Touchstone Book, Nova Iorque, 1992.
- ✓ **Descartes, René –** *Obra Escolhida,* Difel, São Paulo, 1973. *Princípios da Filosofia,* Hemus, São Paulo, 1968. *Regras Para a Direção do Espírito,* Cultura Moderna, São Paulo, 1937.

❑ ❑ ❑

- ✓ **Eddington, Arthur S. –** *La Filosofia de la Ciência Física,* Sudamerica, Buenos Aires, 1956.
- ✓ **Einstein, Albert –** *Relativity, the special and general theory,* Wings Books, Nova Iorque, 1961.

❑❑❑

✓ **Ferris, Timothy** – *O Despertar na Via Láctea – Uma História da Astronomia,* Campus, Rio de Janeiro, 1991.

✓ **Fouillée, Alfred** – *Libertad y Determinismo,* Atalaya, Buenos Aires, 1947.

✓ **Fuchs, Walter R.** – *Física Moderna,* Ed. Polígono, São Paulo, 1972.

❑❑❑

✓ **Gamov, George** – *O Incrível Mundo da Física Moderna,* Ibrasa, São Paulo, 1976.

✓ **Goethe, Johann Wolfgang** – *Fausto,* Ediouro, Rio de Janeiro, 1984.

✓ **Goswami, Amit** – *The Self-Aware Universe,* Penguin Putnam Inc., Nova Iorque, 1996.

✓ **Gouiran, Robert** – *Elementos de Física Nuclear,* Ivanova, Porto, 1967.

✓ **Granger, Gilles-Gaston** – *Por um Conhecimento Filosófico,* Papirus, São Paulo, 1989.

✓ **Gribbin, John** – *À Procura do Big Bang,* Presença, Lisboa, 1988. *Tempo, o profundo mistério do Universo, Francisco Alves, Rio de Janeiro, 1979.*

❑❑❑

✓ **Hawking, Stephen. N.** – *Uma Breve História do Tempo,* Rocco, Rio de Janeiro, 1988.

✓ **Hegel, G.W.F.** – *Fenomenologia del Espiritu,* Fondo de Cultura Económica, México, 1985. *Enciclopédia das Ciências Filosóficas em Epítome, vol. I,* Edições 70, Lisboa, 1988.

✓ **Heisenberg, Werner** – *A imagem da Natureza na Física Moderna,* Livros do Brasil, Lisboa. *Física e Filosofia,* Editora Universidade de Brasília, 1981.

✓ **Hessen, Johannes** – *Tratado de Filosofia, tomo I, Teoria de la Ciência,* Sudamericana, Buenos Aires, 1957.

✓ **Herbert,Nick** – *A Realidade Quântica,* Francisco Alves, Rio de Janeiro, 1985.

✓ **Hempel, Carl G.** – *Filosofia da Ciência Natural,* Zahar, São Paulo, 1974.

✓ **Hugh, M.Lacey** – *A Linguagem do Espaço e do Tempo,* Perspectiva, São Paulo, 1972.

✓ **Hume, David** – *Investigação Acerca do Entendimento Humano,* Edusp, São Paulo, 1972.

❑ ❑ ❑

✓ **Jeans, James** – *Physics and Philosophy,* Ann Arbor Paperbacks, 1958.

❑ ❑ ❑

✓ **Kant, Immanuel** – *Crítica da Razão Pura,* Calouste Gulbenkian, Lisboa, 1985. *Prolegómenos a toda a Metafísica Futura,* Edições 70, Lisboa, 1982.

✓ **Kaplan, Aryeh** – *Inner Space,* Abraham Sutton, Jerusalém, 1991.

✓ **Keneale, Willian – Keneale, Martha** – *O Desenvolvimento da Lógica,* Calouste Gulbenkian, Lisboa, 1980.

✓ **Kneller, G.F.** – *A Ciência como Atividade Humana,* Zahar/Edusp, São Paulo, 1980.

✓ **Kuhn, Thomas S.** – *A Estrutura das Revoluções Científicas,* Perspectiva, São Paulo, 1975.

❑ ❑ ❑

✓ **Lakatos, Imre; Musgrave, Alan** (organizado por) – *A Crítica e o Desenvolvimento do Conhecimento,* Cultrix/Edusp, São Paulo, 1979.

❑ ❑ ❑

✓ **Marciniak, Barbara** – *TERRA, Chave Pleiadianas Para a Biblioteca Viva,* Ground, São Paulo, 1995.

✓ **Margeneau, Henry** – *Os Elementos Metafísicos da Física,* Atlântica, Coimbra, 1949.

✓ **Maritain, Jacques** – *A Ordem dos Conceitos – Lógica Menor,* Agir, Rio de Janeiro, 1980.

✓ **Moltmann, J** – *Doutrina Ecológica da Criação,* Vozes, Petrópolis, 1985.

✓ **Mondin, Battista** – *Quem é Deus, Ensaios de Teologia Filosófica,* Paulus, 1997. *Os Grandes Teólogos do Século Vinte, vol 1 e vol 2,* Edições Paulinas, São Paulo, 1979.

✓ **Morris, Richard** – *Achilles in the Quantum Universe,* Henry Holt and Company, Nova Iorque, 1997.

❑ ❑ ❑

✓ **Nicolescu, Basarab** – *Ciência, Sentido e Evolução (A cosmologia de Jacob Boehme),* Attar, São Paulo, 1995.

❑ ❑ ❑

✓ **Oakes, Edward** – *Pattern of Redemption,* Continuum, Nova Iorque, 1994.

✓ **Os Upanishads** – Europa-América.

❑ ❑ ❑

✓ **Pagels, Heinz R.** – *O Código Cósmico,* Ed. Gradiva, Lisboa, 1982.

✓ **Penrose, Roger** – *A Mente Nova do Rei – Computadores, Mentes e as Leis da Física,* Campus, Rio de Janeiro, 1991.

✓ **Platão** – *República,* Calouste Gulbenkian, Lisboa, 1983. *Platão – Os Pensadores – Diálogos, O Banquete, Fédon, Sofista, Político,* Abril Cultural, São Paulo, 1979.

✓ **Popper, Karl** – *A Teoria dos Quanta e o Cisma na Física,* Dom Quixote, Lisboa, 1992. *Conjecturas e Refutações,* Ed. Universidade de Brasília, 1980. *Conhecimento Objetivo,* Italaia, São Paulo, 1975.

✓ **Prigogine, Ilya –** *O Fim das Certezas,* Unesp, São Paulo, 1996. *Entre o Tempo e a Eternidade,* Companhia das Letras, São Paulo, 1992.

❑❑❑

✓ **Ray, Christopher –** *Tempo, Espaço e Filosofia,* Papirus, São Paulo, 1991.

✓ **Reale, Giovanni –** *História da Filosofia Antiga,* vol. 1, 2 e 3, Loyola, São Paulo, 1994. *Para uma nova interpretação de Platão,* Loyola, São Paulo, 1997.

✓ **Reichenbach, Hans –***La Filosofia Científica,* Fondo de Cultura Económico, México, 1967.

✓ **Resnick, Halliday –** *Fundamentos da Física 4 – Ótica e Física Moderna,* Livros Técnicos e Científicos Editora, São Paulo, 1991.

✓ **Russel, Bertrand –** *ABC da Relatividade,* Europa-América.

❑❑❑

✓ **Salam, Abdus –** *A Unificação das Forças Fundamentais, O Grande Desafio da Física Contemporânea,* Zahar, Rio de Janeiro, 1993.

✓ **Sankara (A.J. Alston) –** *On The Absolute,* Shanti Sadan, London, 1987. *On The Creation,* Shanti Sadan, London, 1983. *On Enlightenment,* Shanti Sadan, London, 1989.

✓ **Segundo, Juan Luis –** *Que Mundo? Que Homem? Que Deus?,* Paulinas, São Paulo, 1995.

✓ **Sheldrake, Rupert –** *O Renascimento da Natureza,* Cultrix, São Paulo, 1991.

✓ **Sheldrake, R; McKenna, T; Abraham, R; -***Caos, Criatividade e o Retorno ao Sagrado,*

✓ **Shopenhauer, Arthur –** *Sobre o Fundamento da Moral,* Martins Fontes, São Paulo, 1995. Os Pensadores, Abril Cultural, 1980.

✓ **Singh, Jagjit** – *Teorias de la Cosmología Moderna,* Alianza Editorial, Madrid, 1974.

✓ **Speyer, Edward** – *Seis Caminhos a Partir de Newton,* Campus, Rio de Janeiro, 1995.

✓ **Srivastava, Rama Shanker** – *Contemporary Indian Philosophy,* Munshiram Manoharlal Publishers, New Delhi, 1983.

✓ **Steinsaltz, Adin** – *A Rosa de Treze Pétalas,* Ed. Maayanot, São Paulo, 1992.

❑ ❑ ❑

✓ **Talbot, Michael** – *O Universo Holográfico,* Best Seller, São Paulo, 1991.

✓ **The *Rig Veda* (An Antology)** – Penguin Classics, London, 1988.

❑ ❑ ❑

✓ **Wahl, Jean** – *Tratado de Metafísica,* Fondo de Cultura Económica, México, 1986.

✓ **Walsch, Neale D.** – *Conversando com Deus, Livro I,* Ediouro, Rio de Janeiro, 1997.

✓ *Conversando com Deus, Livro II,* Ediouro, Rio de Janeiro, 1997.

✓ **Weber, Renée** – *Diálogos com Cientistas e Sábios,* Cultrix, São Paulo, 1986.

✓ **Weizsäcker, C. Friedrich Freiherr Von** – *Para uma Concepção Física do Universo,* Atlântida, Coimbra, 1945.

✓ **Zubiri, Xavier** – *Naturaleza, Historia e Dios,* Ed. Nacional, Madrid, 1974.

✓ **Zukav, Gary** – *A Dança dos Mestres Wu Li – Uma visão geral da nova física,* Ece, São Paulo, 1989.

Dicionários, Coleções e Enciclopédias Consultadas

- ✓ **História de la Filosofia**, Biblioteca de Autores Cristianos, Madrid, Guillermo Fraile, Teófilo Urdanoz O. P., volumes I, II, III, IV, V, VI, VII, VIII, IX.
- ✓ **A History of Philosophy,** Image Books, London, Frederick Copleston, S.J., volumes I,II,III, IV, V, VI, VII, VIII, IX.
- ✓ **Diccionario de Filosofia,** J. Ferrater Mora, Ariel Referencia, Barcelona, 4 volumes.
- ✓ ***Logos*, Enciclopédia Luso-Brasileira de Filosofia,** Verbo, Lisboa, 5 volumes.
- ✓ **Léxico das Religiões**, Franz Cardeal König, Hans Waldenfels, Vozes, Petrópolis, 1998.
- ✓ **Enciclopédia Ilustrada de Ciência e Tecnologia**, Verbo, Lisboa, 1983.
- ✓ **Dicionário de Filosofia,** Nicola Abbagnano, Mestre Jou, São Paulo, 1982.
- ✓ **Diccionario de Filosofía**, Walter Brugger S.I., Herder, Barcelona, 1953.
- ✓ **Dictionary of Science**, Brockhampton, London, 1994.
- ✓ **Encyclopedia Britannica CD 98, International Edition –** Chancery House, St Nicholas Way, Sutton, Surrey

Consciência e Cosmos

Menas Kafatos e Thalia Kafatou

A Física contemporânea e a tradição mística apresentadas de forma renovadora e única. Os autores correlacionam a experiência externa dos avanços científicos mais recentes da Teoria Quântica e da Cosmologia com o pensamento oriental, sustentando que os reinos do mundo objetivo e da consciência subjetiva são aspectos complementares da mesma realidade. Em linguagem simples e envolvente, esta reflexão sobre os paradoxos modernos visa descobrir a unidade do processo cósmico do qual somos participantes.

FAÇA SEU CADASTRO CONOSCO E RECEBA O NOSSO CATÁLOGO EM SUA CASA SEM NENHUM CUSTO

Nome:____

End.:____

Bairro:____

CEP:________________ Cidade:________________ Est.:______

Tel. Res.______________ Tel. Com. ______________ Sexo: [M] [F]

Data de Nascimento: ____________ CPF:____________